范長龍上將也出事了!!

作者／王淨文　季達

目錄

第一章

「政變狠手」
田修思落馬

2016 年 7 月中共原空軍政委田修思落馬，他是江派在軍中的
特務頭子、政變狠手，其落馬和薄熙來政變緊密相關。田落
馬後，一篇 2014 年發表的《防政變》帖子被瘋傳，文中列出
可能發生的政變形式，江派已全部實施過了。

據北京消息人士透露，中共原空軍政委、上將田修思是江派在軍
中的特務頭子，習近平費了好大勁才把他拿下。（新紀元合成圖）

第一節

習終於拿下
「江派軍中特務頭子」

2016 年 7 月，中共空軍上將田修思（中）被軍紀委調查，成為繼郭伯雄、徐才厚之後，軍隊級別最高的第三位落馬上將。（Getty Images）

2016 年 7 月，中共原空軍政委、中共上將田修思被軍紀委調查，成為繼郭伯雄、徐才厚之後，軍隊級別最高的第三位落馬上將。

儘管 2011 年 11 月田修思參與了薄熙來發起的軍事演習，不過十八大後，田積極向習近平表忠，好像也沒再做什麼壞事；2015 年退役後，更是謝絕所有來客，非常低調。為何習陣營「打虎」還是找上他呢？

據消息透露，原來田修思是江派在軍中的特務頭子，表面冠冕堂皇，私下幹了很多壞事，是政變狠手。中共前軍委副主席郭伯雄一直在保他，習近平費了好大勁才把他拿下。

田修思長期掌控新疆 霸道強勢

　　從官方簡歷中就能看出田修思很有背景。他 1950 年出生在河南孟州，1968 年參軍，在新疆軍區直屬砲兵 54 團，從士兵開始做到排長；1971 年轉到砲兵第 13 師 56 團政治處，從宣傳幹事做到團政委。1985 年 8 月任蘭州軍區第八偵察大隊副政委，赴中、越邊境老山前線參加濟南軍區輪戰；回來後 1990 年被提拔到砲兵第二旅政委。1993 年後田修思擔任新疆軍區政治部副主任；2000 年 5 月任蘭州軍區政治部副主任。

　　田修思的仕途快速發展，還是 2002 年之後。其後短短七年間，他完成了從正軍職向大軍區正職的跨越，而且每進一步都是擔當一把手。這一期間，正是郭伯雄、徐才厚掌軍。

　　田修思 2002 年 6 月任陸軍第 21 集團軍政委；2004 年 12 月任新疆軍區黨委書記、政委；2005 年 3 月開始同時進入當地政府，任新疆維吾爾自治區黨委常委及新疆軍區黨委書記、政委；2009 年 12 月調到成都軍區政委、黨委書記；2012 年 10 月調到空軍當黨委書記、政委；2015 年 8 月退役後擔任全國人大外事委員會副主任委員。

　　概況地說，田修思 40 多年都是在新疆、蘭州等地搞政工，對新疆軍方人員非常熟悉。在所謂反「疆獨」行動中，他掌握了一大批針對「疆獨」的解放軍特工人員，這為他後來利用這批特工為薄熙來、周永康幹事打下了基礎。新疆是江派大員周永康強硬把持的地盤。從王樂泉到張春賢，都是緊跟江派指令的。

　　從軍銜來看，田修思 1997 年 7 月晉升少將軍階，2006 年 7 月晉升中將。2012 年 2 月王立軍出逃引發薄熙來落馬之後，郭伯

雄還是竭力提拔田修思，並趕在習近平上台之前的 2012 年 7 月
晉升為上將，2012 年 10 月改為空軍上將軍階。有人戲稱，這可
能是田修思行賄郭伯雄半億人民幣的結果。

　　原中共軍委副主席郭伯雄是從蘭州軍區起家的，田修思和郭
伯雄早年就相識，而且關係不錯。與中共軍隊其他花錢來買官的
人相比，田修思很傲氣。他自稱是憑軍功上位的，故而瞧不起那
些沒打過仗的將軍。田修思也很會收買拉攏郭伯雄與徐才厚，因
此在軍中很霸道。

軍紀委高調抓田內幕 殺雞儆猴

　　由於田修思的身分很特別，習近平、王岐山在抓捕田時，
也故意採取高調策略，有意把田落馬的慘狀上演給其底下的嘍
囉看。

　　2016 年 7 月 5 日一早，軍紀委從田修思家中將他帶走，他的
妻子被幾位女工作人員架著一同帶離，在深圳的田修思祕書也隨
即被「拿下」。當時空軍大院很多人目睹了這一幕。

　　這使田修思成為繼郭伯雄、徐才厚之後，軍隊級別最高的第
三位落馬上將。田修思還是中共第 17 屆、18 屆中央委員。

　　具有諷刺意義的是，2014 年全軍政治工作會議（新古田會
議）後，田修思先後在《求是》和《解放軍報》發文，論述空軍
建設發展和高、中級幹部隊伍政治生態建設。

　　如今重讀這些「黨八股」文，除了讓人笑掉牙之外，也讓人
見識了中共黨員們是如何把黑說成紅的。如果田修思給郭伯雄送
了 5000 萬買官，那他也必然會給徐才厚送幾千萬，光這將近一

億的現金，若他不貪腐、他妻子不收受賄賂，從哪裡能搞到這麼多錢呢？

田修思的文章冠冕堂皇這樣寫道：「要堅持從我做起、扶正祛邪，匯聚政治生態的正能量。樹立營造良好政治生態人人有關、人人有責的理念，崇尚正義、抵制歪風，勇於同貪腐行為、不正之風作堅決鬥爭，錘鍊『首先自身硬』的底氣，努力做到『十五個沒有』：沒有跑官要官、買官賣官、找關係、架天線；沒有訓風演風考風不正、弄虛作假、搞『花架子』；沒有當面一套、背後一套，當『兩面人』；沒有團團伙伙……」

有評論稱，中共官員說的都是他們不做的，他們做的正好和他們說的相反。

十八大以來，空軍已有多名高級將領落馬，包括原空軍後勤部部長朱洪達、原廣州軍區空軍政委王玉發、原北京軍區空軍政治部副主任陳紅岩等。

涉薄政變企圖 上百成都軍官被查

田修思的案子不但和郭伯雄的貪腐有關，還和薄熙來的政變緊密相關。

據法廣在 7 月 9 日報導說，田修思的落馬已經在成都軍區引起強烈震動。幾天來，來自軍紀委的辦案人員約談了上百名成都軍區的各級軍官，協助對田修思的調查，預計可能還將有不少軍官涉入。

2011 年 11 月 10 日，正當胡錦濤和夫人劉永清乘坐的專機，降落在美國檀香山希卡姆空軍基地之時，薄熙來與一批軍頭忽然

在重慶搞了一場規模空前的大動作，不僅以成都軍區國動委第六次全委會的名義進行了軍事演習，還搞了「紅歌」大演唱。外界分析，此次軍演不只是為臭名昭著的「唱紅打黑」正名，更重要的是，也顯示了薄熙來在軍隊的人脈關係和政治野心，如果條件具備，薄熙來會發動軍事政變。

當年參與軍演給薄熙來「助陣」的包括大部分成都軍區高層軍官，時任政委田修思也在列。

大陸微信公眾號「政知圈」披露，田修思擔任成都軍區政委期間，多次前往重慶視察部隊，也多次與薄熙來會面。成都軍區曾專門在重慶進行實兵演練，作為軍區主要領導，田也曾到重慶參加慶祝建軍83周年「唱讀講傳」文藝晚會，還代表成都軍區「向關心駐渝部隊的重慶」表示感謝。

知情人士如此評價「田上將」：有野心的兩面人，一般人接觸看不出來。他離開成都軍區進京後，給人一種相對「清廉」的假象。但知情人說，此人裝得挺正經，會演戲。

習近平剛離開 新疆驚爆恐襲

有消息說，田修思還與2014年「五一」前夕新疆火車站爆炸案有關。

2014年4月27至30日，習近平到新疆視察。據新華社報導，30日晚7時10分，成都至烏魯木齊K453次列車到達烏魯木齊火車南站時，在旅客出站口發生砍人和爆炸案。幾個歹徒持刀砍殺民眾，同時引爆爆炸裝置，造成3人死亡、79人受傷，現場凌亂，到處血跡，極為恐怖。

習近平 30 日上午才造訪的烏魯木齊市洋行清真寺，距發生爆炸的烏魯木齊火車站直線距離不到四公里。外界普遍認為，「這明顯是給習下馬威」。當晚習近平立即作出指示：「反暴力恐怖鬥爭一刻也不能放鬆，必須採取果斷措施，堅決把暴力恐怖分子的囂張氣焰打下去。」

儘管官方在 5 月 18 日確認「東突厥斯坦伊斯蘭運動」恐怖組織策劃了本次爆炸案，並在 12 月 8 日對八人進行了判決，但知情人透露，這背後有中共特工在參與。這與江派搞的昆明血案和釣魚島風波類似，表面上是他人在做，背後卻有江派在穿針引線。

新疆爆炸案發生時，薄熙來早已被判無期，官方對周永康的內部調查從 2013 年 12 月 1 日開始，正處在關鍵時刻。「五一」爆炸案，其實就是江派給習近平的下馬威，江派企圖用這種血腥方式來阻止對周永康的調查：「再查下去，我們就跟你血戰到底。」

未料習近平不退卻，三個月後的中共「八一」建軍節的前夜，2014 年 7 月 29 日，中紀委對外公布，立案審查周永康。當時，江派才真的懂了習近平說的，開弓沒有回頭箭，結局「你懂的」。

第二節

北戴河剛結束
「防政變」就瘋傳

中共十八大之後江澤民集團針對習近平持續發動的涉及「軍事、經濟、文宣」等方面的連環政變。（大紀元合成圖）

一個兩年前的帖子，能在茫茫的網路大海洋中不沉淪不消失，而被人打撈起來四處傳播，這可謂是個新聞。

2016 年 8 月 12 日，習近平、李克強等人重新回到公眾視線中，北戴河會議剛剛結束之際，海內外網路上都在熱傳一篇文章：《防政變是今後需要特別注意的政治工作》。

這篇類似官方口氣的文章，是署名「北大錘頭」的人，2014年 6 月發表在大陸網上的一個帖子。在兩年後，特別是在 2015年北戴河會後天津大爆炸一周年之際，有人故意把這篇敏感文章重新發表出來，該新聞引起人們關注。尤為特別之處是，文章列出的政變形式，在過去四年中，江派已經全都實施了。

與之呼應的是，2016 年 8 月 12 日，新華網在首頁置頂發表兩篇文章：《總書記為什麼特別強調從嚴治黨》與《清除「最大

威脅」——習近平論反腐》。中共官媒、騰訊、網易等大陸門戶網站以及地方媒體紛紛以「習近平全力清除黨內『最大威脅』」為標題轉載報導。

習近平表示：「人民群眾反映強烈的黨內突出問題得不到解決，那我們黨遲早會失去執政資格，不可避免被歷史淘汰。」「民心是最大的政治，正義是最強的力量。」文章還強調，周永康、薄熙來、徐才厚、郭伯雄、令計劃、蘇榮等「大老虎」落馬，證明了沒有什麼「刑不上大夫」。

外界評論說，這些都在強烈釋放收網「終極大老虎」江澤民與曾慶紅的信號，因為「人民群眾反映強烈的黨內突出問題」當首推逾20萬法輪功學員及家屬控告江澤民迫害法輪功罪行問題。

雙方都在傳播「防政變」

有評論說，《防政變是今後需要特別注意的政治工作》這篇文章能傳播得這麼快這麼廣，因為直接反映了當今中國政壇上正在進行的激戰：習近平陣營對陣江澤民派系。這是兩派共同推廣的結果，習派、江派都從各自角度出發，抱著不同的目的來推廣政變這個話題——習派傳播他是因為這次北戴河會議決定把反腐深入下去，深入到江澤民、曾慶紅身上，故而用這個「防政變」來提醒國人，同時為進一步採取行動做好輿論鋪墊。

早在薄熙來、周永康、令計劃未審判之前，海內外網站上就流傳他們搞政變的傳聞。2015年3月18日，中共兩會之後，中共最高法院正式發布《人民法院工作年度報告（2014）》，報告中首次指控中共中央政治局前常委周永康「踐踏法治」、「搞非

組織政治活動」。

在中共的話語系統中,「搞非組織政治活動」就是「搞政變」的代名詞。也就是說,那時習陣營就準備以政變罪來審判周永康。但後來由於江派反撲太猛烈,習近平只好暫時避讓,只用貪腐、洩密等罪名,輕判周永康無期徒刑,同時把矛頭對準了曾慶紅與江澤民。

從江派角度來看,隨著習近平反腐除掉江派 100 多名大員,江派面臨土崩瓦解之勢,目前只剩下最後幾個死黨和底下一些看不懂局勢的嘍囉還在拚命抵抗。江派搞政變的目的就是把習推下去,讓江派重新上台。因此,這個《防政變是今後需要特別注意的政治工作》從反面讓江派感到自己存在的價值,慶幸自己還沒有被習打死,還有點力氣搞政變,還希望哪天能東山再起。這就等於變相在給江派嘍囉打氣加油。於是,江派也不封鎖這篇文章,也在幫忙傳播,這就賦予了這篇文章兩樣性和模糊性:不同讀者站在不同角度,都能得到自己想要的結論。

習近平會成中國赫魯曉夫嗎?

文章一開篇就讚揚十八大後習近平、王岐山的反腐行動沉重打擊了貪腐集團,說反腐不避權貴,讓貪腐集團惴惴不安,伺機反撲。但接下來文章又拿蘇聯的教訓來暗示習近平的改革必然遭到權貴集團的拚命阻撓而最終失敗,「被習近平拿下的那些老虎有可能要習的命」,赫魯曉夫因政變下台就是個深刻教訓。

1958 年 3 月,蘇共中央委員會第一書記(總書記)赫魯曉夫兼任蘇聯部長會議主席,成為蘇聯第一號人物。面對官員不作為、

亂作為和日益嚴重的貪污受賄問題，赫魯曉夫首先提出「幹部任期制和各級領導成員定期更換制」，並在蘇共22大通過的黨章中規定「在選舉黨的機關的時候，應遵守經常更換其成員、同時又保持領導的繼承性的原則」。

赫魯曉夫還通過「限制幹部特權」等一系列措施，廢除了每月發給高級幹部們相當大數量的「官位津貼」；撤銷了各機關（最高機關除外）的祕密療養院和休養所；限制研究所所長、部的司局長、工廠的副廠長等用公家汽車進行各種各樣旅行的特權等。那些可能被調整、變動和撤換的握有實權的領導人，就開始對赫魯曉夫群起而攻之，於是政變發生了。

1964年10月13日深夜，蘇共中央主席團決定：滿足赫魯曉夫同志鑒於年邁和健康狀況惡化解除他第一書記、中央主席團委員和蘇聯部長會議主席的請求……」

政變上台後的勃列日涅夫集團，首先廢棄了赫魯曉夫反對官僚階層的「四風」問題（形式主義、官僚主義、享樂主義和奢靡之風），換取他們的支持。一方面強調「穩定」幹部，使幹部委任制和領導職務終身制日趨完善，另一方面又不斷提高幹部特權的標準，使之進一步固定化和規範化，從而形成一個脫離人民群眾的官僚特權階層。

有人估計，這個官僚特權階層大約有50萬至70萬人，加上他們的家屬，共有300萬人之多。官僚特權階層形成，貪污腐敗盛行。

「可能的政變形式」都發生了

文章還列出了可能發生的政變形式，不過熟悉當今政局的人

都知道，這幾種政變形式都發生了，在過去四年中，江派已經把它們全都實施了。所以這篇文章的兩面性也體現出來了：它一方面是在提醒習近平防止政變，另一方面又在恐嚇威脅習：「你要再動下去抓我江澤民、曾慶紅，我們就會發動政變來趕你習下台。」

文章給出的第一個政變方式是：「（一）貪腐集團及其扈從以憲政的名義發動政變（見附錄詳細論證）。」但人們沒看見這個附錄。從其表達方式和用詞上不難看出，作者具有強烈的「左派」或毛左色彩，換句話說，這篇文章很可能就是江派掌控的五毛黨寫的，裡面充滿了對憲政的仇恨。目前國際社會公認，一個國家若能按照憲法來管理，那是最有效的方法。

利用恐怖襲擊：昆明、新疆血案

文章繼續說：「（二）貪腐集團利用分裂恐怖主義勢力：貪腐集團作困獸之鬥，故意放縱暴恐勢力在特大城市中心製造恐怖活動。北京、上海、廣州、武漢等地一旦發生大規模恐怖襲擊，就容易引發普遍恐慌。當全國大中城市產生恐慌與秩序混亂時，心懷叵測的人就會蠢蠢欲動，妖言惑眾，轉移矛盾與視線，逼迫黨和國家領導人承擔責任，甚至造成黨和國家領導人意外身亡。」

對照現實，2014 年 3 月 1 日，就在中共兩會召開前夕，江派在雲南昆明火車站發動所謂新疆維吾爾族的「恐怖襲擊」，一群黑衣人手持長刀，見人就砍，有的長刀竟有一米長，結果血流成河，十分恐怖！造成至少 32 人死亡、140 多人受傷。

在這之前，江派還安排了在香港刺殺《明報》前主編劉進圖，導致在中共兩會第一天 3 月 2 日，香港媒體界發起萬人大遊行；

在這之後，江派在中國幾個城市搞出了八大惡性事件，弄得人心惶惶，讓人覺得習近平無能，治國無方，就應該立刻「退位讓賢」。有評論稱，江澤民集團精心策劃昆明恐怖襲擊事件，實質是江澤民集團通過買凶，妄圖以殺戮民眾的方式發動另類政變，推動習近平下台。

另一個江派偽裝恐怖分子對習近平發起攻擊的案例是 2014 年 4 月 30 日下午的烏魯木齊火車站爆炸案，當天上午習近平正在新疆視察，其開會地點離火車站只有幾公里。

趁習不在「會議罷免習」

文章列出的第三種政變模式是「（三）貪腐集團在某些重要會議上突然『發難』：在一些重要的會議上，因改革不可避免產生的一些矛盾和代價（經濟波動等），可能促成貪腐集團的串聯、發難。」

作者講了赫魯曉夫下台七年前的一場未遂政變。「1957 年 6 月 18 日，布爾加寧招呼赫魯曉夫參加在克里姆林宮舉行的部長委員會會議。會議上，莫洛托夫、卡岡諾維奇、馬林科夫向赫魯曉夫展開猛烈的批評和圍攻，反對派的人數優勢使赫氏陷入十分不利的境地。赫魯曉夫採用拖延戰術，將會議延遲到第二天。

6 月 19 日，由於任命過很多地方官員，赫魯曉夫要求召開中央委員會全體會議，他的支持者也準備將委員們載到莫斯科來。6 月 22 日全體會議召開，會上國防部長朱可夫嚴厲地指責莫洛托夫、卡岡諾維奇、馬林科夫在史達林時代大清洗中的罪行，反對派最終被擊敗。」

現實中，就在 2015 年 3 月中共兩會後，習近平出訪巴基斯坦參加巴國閱兵式之際，江澤民、曾慶紅企圖發動黨內政變，想聯合各大元老一起來開會罷免習近平，就如同黨內罷免胡耀邦那樣。

據《前哨》雜誌 2015 年 9 月號披露，2015 年 3 月，曾慶紅趁習近平出席巴國閱兵儀式之際，匯集包括李嵐清、李長春等在內的一批正國級元老，企圖召開政治局緊急會議，以大比數通過罷免習近平的決議，然後在第一時間以電視、微信公告天下，所有與會的委員、常委一起列陣亮相。不論是京外軍人還是中央警衛局的人，此時群龍無首，也沒有膽量對抗如此陣容的「中央決議」。

爆料稱，曾慶紅遊說胡錦濤時，以令計劃被抓為由離間胡錦濤，指責習近平欲藉反腐剷滅包括團派在內的所有派系，希望胡錦濤與江派聯手，參與其策劃的廢習計畫。不料，無論曾慶紅說得怎樣天花亂墜，胡錦濤就是堅決「不鬆口」，拒絕加盟。據稱，除胡錦濤外，李瑞環與李鵬也斷然拒絕加盟。

這樣一來，一些原本已答應參加的元老們就紛紛打起了「退堂鼓」，更有幾個被曾慶紅私下遊說的中共政治局委員見勢不對，便通過中辦向習告發輸誠。就這樣，江澤民一手策劃的倒習陰謀「胎死腹中」。

2015 年 11 月 2 日，香港媒體再次傳出類似消息，不過活動主角變成了江澤民。署名鐘仕的文章稱，2015 年 1 月初，江澤民一家三代到海南省萬寧市的東山嶺風景區遊玩，當地媒體發出的消息稱，江澤民在離開時，還意猶未盡地說「江澤民到此，不虛此行」，言外之意，江要「東山再起」。

　　有北京消息透露，在江澤民遊玩東山嶺時，胡錦濤也在東山嶺北邊 20 多公里處的瓊海博鰲「冬休」。與高調的江澤民不同，在海南「冬休」的胡錦濤與以往一樣，無任何消息見諸傳媒。消息人士稱，冬休中的江澤民與胡錦濤在博鰲曾有一次閉門長談，但內容不得而知。

　　此外，消息人士指，2015 年 2 月底，江澤民在上海出席當地的「新春京劇聯歡會」並登台獻藝，特邀中共前政治局常委李瑞環到上海「休假聯歡」。消息稱，李瑞環是京劇迷，接受了邀請，到上海後也與江澤民有一次閉門會談。不過談話內容同樣不得而知。

　　外界觀察到的是，「習近平外訪期間，胡錦濤兩次露面挺習」。在習近平 2015 年 5 月 7 日開始對哈薩克、俄羅斯、白俄羅斯三國訪問的當天，胡錦濤現身四川綿陽北川新縣城，陸媒三大門戶網站以及官媒同時報導，配以大量高清照片。當時有網民議論說：習近平出訪，胡錦濤出山。時政評論人士分析，習近平和胡錦濤之間似乎正進行某種「微妙」的配合，胡錦濤有臨時「坐鎮」習近平的大陸後方之意，釋放強烈的震懾江派勢力的信號。

　　同樣的，10 月 20 日習近平訪英首日，胡錦濤到習近平曾經執政近 18 年的福建武夷山再度露面，被中共地方媒體和北京媒體報導，胡錦濤「裸退」後獲得習近平的高度評價也被提及，外界認為「胡習聯盟」味道濃厚，目的就是擊垮江派的離間計。

　　江派在 2015 年 3 月的私下串聯欲推翻習近平的計畫失敗後，又繼續搞了幾次政變。如 2015 年 7 月 24 日，北戴河會議召開前，河北省省委書記周本順被迅速拿下。周本順當時按照江澤民、

曾慶紅的要求，炮製了在北戴河會議上向習近平當局發難的一份絕密報告，即所謂「政治核彈」，被習近平迅速拿下。北戴河會議結束後的 2015 年 8 月 12 日，天津發生特大爆炸案。之後，傳出這是江派針對習近平的爆炸暗殺失敗後，故意銷毀證據進行恐嚇。

利用群眾發動政變 抗日遊行、雨傘運動、股災

　　文章談到第四種政變方式是「重演武漢 720 事件」。「文革」時武漢 720 事件被認為是政變。1967 年 7 月 20 日，毛澤東親自到武漢試圖解決湖北「文革」問題，但湖北省軍區獨立師的人發動上百萬的「革命群眾」，號稱「百萬雄師」，衝擊武漢東湖賓館（毛澤東主席駐地），綁架毆打中央代表。

　　「武漢事件」發生後，周恩來帶上兩架飛機「8341」部隊飛赴武漢「救火」，北京決定從全國調動海、陸、空三軍包圍武漢，同時起草了一封給毛澤東的密信，勸毛澤東盡快離開武漢去上海。最後，在周恩來、楊成武、汪東興、謝富治等人的反覆勸說下，毛極不情願地離開了武漢。

　　7 月 21 日凌晨 2 時，毛澤東打破從不坐飛機的慣例，由楊成武、汪東興等人陪同乘專機飛上了天空。他讓飛機在武漢上空盤旋了一陣後，才艱難地吐出了三個字——去上海。

　　中共稱這是造反派利用群眾發動的政變。在現實中，就在薄熙來被查之後的 2012 年 9 月 15 日，中國 52 個城市爆發「有組織」的大規模保釣反日行動，最後演變成國人對國人自己的打砸搶燒，成千上百的日製車被砸，商店被搶。遊行中不但高舉毛的

巨像，還出現聲援薄熙來的大橫幅，遊行隊伍不斷出現暴力攻擊，到處打砸搶燒。周永康控制的警察對此置之不理，還暗中讓警察扮演暴民，故意惹是生非。

有民眾稱之為「文化大革命」、「紅衛兵」再現。對於全國各地同時上演的暴力事件，江派控制的中共官媒統一失聲，中共央視《新聞聯播》等無相關暴力事件報導，大陸微博也加緊刪除相關暴力事件文字和圖片。

此次事件是江派為阻止審判薄熙來而發動的政變行動，江派勢力藉釣魚島事件趁機起事，調動政法委系統的力量挑動民眾打砸搶，試圖把中國拖入失控狀態，保住政法委和周永康的權力，做十八大前的最後一搏。

另外還有兩個例子：香港雨傘運動和大陸股災。這兩次都因為習近平及時阻止，才沒有釀成大規模的群眾運動。

2014 年，香港民眾爆發「雨傘運動」。6 月 10 日江澤民集團推出香港白皮書，8 月 17 日江派組織「反占中遊行」，8 月 31 日江派政治局常委張德江操控中共人大封殺香港真普選，9 月 28 日香港警方使用胡椒噴霧及催淚彈鎮壓手無寸鐵的學生和市民，引發港人怒火。軍方高層消息稱，警方施放催淚彈後，江派特首梁振英布署防暴隊配備殺人武器，準備實彈鎮壓，激化矛盾，但被習近平急電叫停，不准開槍鎮壓，說「香港不是北京」。

梁振英政府用黑白兩道對「雨傘運動」進行打壓，是江、曾兩年多來精密布署的結果，試圖讓香港陷入動亂，伺機提出呼籲讓人大動議軍隊進駐香港，重演「六四」事件，再以糾正習近平錯誤的方式將其拉下台，重奪最高權力。

2015 年大陸 A 股股災是江澤民集團針對習近平的一場「經

濟政變」。劉雲山父子是其中的操盤手。一方面，劉雲山掌控的新華網先後發布「救市無效」、「崩潰再現」等言論，在輿論上打擊股民對股市的信心，另一方面通過劉樂飛在中信證券的關係，利用救市內幕消息，惡意操控股市，使股災加劇。

事後，包括劉樂飛馬仔、中信證券總經理程博明在內的 11 名中信證券高管被帶走調查，中信證券總裁王東明亦被迫退休，劉樂飛遭去職。

對抗政變要「除惡務盡」

文章談道：「要完全預防政變，就要根除政變發生的土壤，扶植反政變的力量。」除惡務盡，免受其害，文章用近代史來講了一個故事：

「嚴嵩被《明史》列為明代六大奸臣之一。嘉靖二十四年（1545 年），明世宗因聽到一些有關嚴嵩驕橫的傳言，對他漸生厭惡之心。恰巧此時內閣缺人，世宗下詔再次起用正直剛毅的夏言。夏言入閣後重任首輔，職位在嚴嵩之上。

因上次被嚴嵩陷害去職的緣故，夏言對嚴嵩時時加以打擊。沒過多久，嚴嵩獨子嚴世蕃藉他父親的權勢做了尚寶司少卿，管理一些工程項目，大肆貪污受賄。

夏言察知後，欲上疏彈劾。嚴嵩請求夏言寬大為懷，放過嚴世蕃。夏言被嚴嵩痛哭流涕的表演弄得心軟了，答應不再追究。但嚴嵩對夏言的怨恨卻與日俱增，表面上笑語周旋，暗地裡卻在伺機反攻。

嘉靖二十五年（1546 年），嚴嵩再次利用機會進行陷害夏言

致仕（勒令退休）。嚴嵩怕夏言他日東山再起，必欲將其置於死地而後快。他又誣衊夏言是收受賄賂、勾結邊疆將領，於是夏言在嘉靖二十七年（1548年）慘死。

同樣，東郭先生和狼的故事也啟示我們：「一個人應該真心實意地愛人民，但絲毫不應該憐惜狼一樣的惡人。」

文章好像是在暗示，習近平講對江派斬草除根，要把江澤民和曾慶紅都徹底清理掉，否則，最後就會被江曾毒蛇反咬一口。從這點看，作者好像又站在習陣營這邊。

發動群眾是關鍵

文章還說：「如何堅定廣大人民群眾對領袖反腐敗的信心，這是一個很重要的課題。2014年，習近平在參加上海代表團審議時，提及中央八項規定精神，提出要把八項規定繼續抓好，起『徙木立信』的作用。中央八項規定是提振人民信心的有效手段。」

作者建議要「組織發動人民群眾，形成強大威懾力量」。文章以2011年北京大學博士馮軍旗的博士論文《中縣幹部》為例，說明「政治家族」在各地形成了地方利益集團和勢力集團，到處都是腐敗窩案，是斷崖式腐敗，這使腐敗分子的力量非常強大，「要從市、縣、鄉、村四級著手，殺一殺當地『土豪劣紳』的威風：一個市要有大案、一個縣要有一個政治家族、一個鄉要有典型案例。這樣人民群眾才能被鼓舞起來。」

現實中，周永康家族的覆滅、令計劃家族的淪落，就是這方面很好的例子。

文章還建議：「要讓廣大人民群眾得實惠。鼓勵檢舉揭發，

以貪腐分子被沒收財產的五分之一獎勵。只有直接利益的驅動，老百姓才會公開站出來，從而對貪腐集團形成有效威懾。」

要「建立健全領袖與人民的直接對話」，要「加強黨員幹部和人民群眾在改革中的主人翁地位，形成一些組織。赫魯曉夫被政變下台，蘇聯普通黨員幹部與人民群眾沒有反應，值得深思！這恰恰反映了赫魯曉夫改革的致命缺陷。赫魯曉夫完全依賴黨和國家的官僚系統進行各項改革，同時這些改革又觸犯領導幹部的利益。普通黨員幹部和廣大人民群眾處在被遺忘的角落，沒有被激發或者動員起來。」

有專家評論說，這句話點到了關鍵。目前王岐山的反腐，更多地是中紀委的事，只有調動廣大民眾參與，才有力量打倒江澤民這樣的大老虎。習近平在 2016 年 5 月 1 日實施的立案制度改革提出，要做到「有案必立，有訴必理」，面對全國 20 多萬民眾對江澤民的控訴，這為「審判江澤民」做了鋪墊。

江澤民集團發動政變原因

人們也許會問，江澤民集團為何要一次次發動政變來推翻習近平呢？其根本原因起源於江澤民在任期內幹下的最大一件惡事：鎮壓法輪功。當時在鎮壓法輪功的問題上，由於胡錦濤的消極態度，江澤民很不放心。這讓江澤民一直在尋找可以接替胡的心腹人選。

太子黨薄熙來因鎮壓法輪功積極被看好，但江澤民最緊急的事情是在 2007 年阻止胡錦濤看好的李克強上位。由於江系自己手裡沒有合適人選可以在 2007 年上位起到阻擊作用，作為緩兵

之計，無派系的習近平被江胡雙方接受，立為儲君。

　　江澤民、曾慶紅預計在十八大後再經過兩年左右的時間，利用重慶市委書記薄熙來在全國通過「唱紅打黑」取得的對全國的挾持和操控，把「重慶模式」推向全國，再利用薄熙來掌控的全國政法委、武警部隊，以及全國眾多被薄熙來掌握的軍隊人馬、江澤民在軍中的力量等，罷免甚至逮捕習近平等人，到時候全國又是江、曾的天下。這就是江澤民針對習近平的政變計畫。但政變計畫由於 2012 年 2 月薄熙來心腹馬仔王立軍反目而出逃到美國駐成都領事館，使得整個計畫曝光，江派原政變計畫失敗。

　　江澤民恐懼在失去對中共主要權力的掌控後，無法繼續維持迫害法輪功，造成其迫害法輪功與活摘器官的反人類罪被清算。因此，江澤民不惜採取政變暗殺手段針對習近平奪權。在薄熙來落馬之後，江派原本的政變計畫失敗，但是隨著高層博弈的加劇，江澤民繼續展開政變行動，於是才有了後面一系列持續至今、遠還沒有停止的江派連環政變。

　　回到開頭，為何在 2016 年北戴河會議剛一結束就有人炒作這樣一篇綜合概況江派政變的文章呢？是什麼扣動了扳機呢？原來，江派政變的軍中主力、參與薄熙來軍事演示的原成都軍區政委田修思的落馬，以及周永康的心腹、「小政法王」張越被立案偵查，還有即將在香港召開的全球器官移植大會等，都促成了江派搞「政變」這個關鍵事件的傳播與發酵。

　　如今習江鬥已經被人們公認是兩大陣營之間的生死搏鬥，江派想搞政變，這已經是「司馬昭之心，路人皆知」，接下來習陣營的反擊也就不會投鼠忌器了，因為雙方都已亮出底牌，就等各自亮劍、拚殺了。

第三節

田修思 5000 萬買官
1.3 億退贓

5000 萬買官 退贓 1.3 億

據陸媒報導,田修思炮兵出身,曾深耕蘭州軍區將近 40 年,與已經落馬的郭伯雄有諸多工作交集。2012 年 10 月,時任中共成都軍區政委田修思調任中共空軍政委時,許多人都對他這樣一個完全不懂空軍的人來當空軍政委,感到疑惑不解。

據多家海外媒體報導,田修思曾向郭伯雄賄賂 5000 萬元人民幣,才於 2012 年取得空軍政委一職。有消息說,這個位置原本是應該提拔劉亞洲的。在徐才厚倒台後,田修思向軍紀委上繳 1.3 億元人民幣贓款,並交代了諸多郭、徐的問題,但最終還是未能逃過被抓。

個性強勢霸道

不少人對田修思的印象是「強勢」和霸道,有昔日部屬稱:

「這個老領導脾氣很大，說話調門很高，遇到事情經常張口就罵，曾經一次機關開會，當著大家的面訓斥一位重要部門的軍官。」有一位軍官因為他的一句話被勞教兩年。

有知情人表示，「田上將」擔任空軍政委後非常「善用宣傳」。有關他的活動都要求軍媒大篇幅報導。也有部屬私下表示不同意見，但田修思作風比較強勢，自持資歷老，不太容易聽進別人意見。

據百度資料顯示，田修思 2016 年 66 歲，1968 年從中共新疆軍區直屬炮兵士兵開始，一路升遷。1995 年後，歷任中共新疆軍區政治部副主任、南疆軍區政治部主任、蘭州軍區政治部副主任、新疆軍區黨委書記、政委、新疆黨委常委、成都軍區政委、中共空軍黨委書記、政委等職。

田修思 2015 年 7 月初離開空軍，進入中共全國人大任外事委員會副主任委員。他最後一次公開露面是在 7 月 1 日。

薄熙來被拿下後仍鼓吹「三代表」

據公開信息，田修思具有很強的江派色彩，而且和梁光烈、薄熙來走得很近。

2012 年 4 月，當薄熙來被拿下後，其他軍頭都在積極向胡錦濤、習近平「表忠心」，唯獨梁光烈和田修思的調子與眾不同。

4 月 6 日到 19 日，中共國防部長、中央軍委委員梁光烈在各地調研時高調講話，要求軍隊以鄧小平理論和江澤民的「三個代表」為指導；4 月 17 日，時任成都軍區政委的田修思也跟進發表《敵對勢力削弱青年獻身國防意識》文章，打著宣揚所謂「國防

文化」的旗號,暗捧薄熙來的「唱紅」,並呼應梁光烈,繼續鼓吹江的「三個代表」,被外界視為在挑釁胡錦濤和習近平。

當時華府中國問題專家石臧山曾在接受海外媒體採訪時說:「田修思的文章意思很明顯,把國防文化扭曲成了『唱紅』,他其實是在辯解,為之前他、成都軍區司令、梁光烈去重慶觀看『紅歌』,力挺薄熙來的舉動辯解。」

據公開信息,2011 年 11 月 10 日,薄熙來趁胡錦濤到美國夏威夷參加 APEC 峰會時,聯合成都軍區舉行了一次軍事演習。當時觀摩「成都軍區國動委第六次全會實兵演練」的人,除了薄熙來還有中央軍委委員、國務委員兼國防部長梁光烈,及成都軍區司令員李世明、政委田修思、副政委劉長銀等人。

成都軍區上百軍官被約談

法廣 2016 年 7 月 9 日引述熟悉成都軍區人士的消息說,由於田修思曾在 2009 年 12 月至 2012 年 10 月期間擔任成都軍區黨委書記、政委,因此,幾天來,來自軍紀委的辦案人員約談了上百名成都軍區的各級軍官,協助對田修思的調查。

該調查在成都軍區引起巨大震動,可能有不少軍官涉入。

軍中大規模反腐第二波開始

外界多認為,田修思的落馬是習陣營在軍中反腐第二波的開始。

2016 年 4 月 20 日,習近平身穿迷彩服,首次以「軍委聯指

總指揮」的新頭銜視察軍改之後的軍委聯合作戰指揮中心。當時就有猜測認為，據過去幾年習近平所表現的反腐決心，軍隊反腐很可能不會因為郭伯雄和徐才厚的落馬而告一段落，因為透過郭、徐賣官鬻爵而上來的軍官，占了現有軍隊高官的大多數，第二波大規模軍隊反腐或很快到來。

如所預料，6月初有報導說，中共軍方前總政治部主任李繼耐、前總後勤部部長廖錫龍已被宣布接受隔離審查。緊接著，外界再傳郭伯雄大祕、中共前31軍軍長馬成效也被抓捕了。還有多個訊息源指，貴州省軍區前副司令廖錫俊（廖錫龍胞弟）、現任中央軍委科學技術委員會專職委員朱新建，及其他多名軍內高官已被調查。

在江澤民執政和干政的20多年中，腐敗治軍，為鞏固其權力晉升了大批將軍。江的心腹郭伯雄、徐才厚，在軍中大肆受賄、賣官鬻爵，提拔的官員遍布軍中。習近平上任後，在軍中推動反腐「打虎」，已有40多名中共軍級以上高官落馬。同時，習近平還在軍中布局，不斷清洗郭伯雄、徐才厚對軍隊的影響，奪回軍權。

范長龍上將也出事了

第二章

前武警司令
王建平被秒殺

2016 年 12 月 25 日，前中共武警司令王建平在成都指導工作時被直接逮捕。江派把持的武警部隊參與多次政變，王建平被指涉「3‧19」政變與活摘器官。武警系統是習的心腹大患，王建平被整肅，顯示習掌控了軍隊和武警。

2016 年 8 月 25 日，中共軍委聯合參謀部副參謀長、前武警司令王建平在成都視察時被軍方檢察院直接宣布逮捕。（大紀元資料室）

第一節

前武警司令王建平
被秒殺內幕

中共武警在周永康掌控時代了江澤
民的「私家軍」，周永康曾在北京動
用武警部隊發動「3‧19」政變。(AFP)

2016 年 8 月 25 日下午，中共軍委聯合參謀部副參謀長、前武警司令王建平在成都指導工作時，被軍方檢察院直接宣布逮捕。

那時 63 歲的中共軍委聯合參謀部副參謀長、前武警司令王建平原本不情願這時來到烈日炎炎又悶熱難耐的川府之國，但由於自己兼任全軍軍事訓練監察領導小組組長，加上前不久習近平剛拿下江派在軍中的第三號人物田修思，曾經和田修思一起參與政變的王建平，因為心虛，自然不敢怠慢，只好按規定來到了成都。

8 月 25 日下午，王建平正在視察工作，突然進來幾個人，說是軍紀委的，不由分說就把王建平帶上車，抓走了。

第二天，由大陸富商馬雲收購不久的香港《南華早報》率先報導了此事。外界普遍認為，拿下王建平，是習近平早就安

排的事。

王建平妻及祕書等七人同時被捕

王建平 1953 年出生遼寧撫順，16 歲當炮兵，後當 40 軍團炮兵旅參謀長、旅長，39 歲當上了 40 軍團 120 師師長，並隨 120 師轉入武警。1996 年任武警西藏總隊總隊長，後升任武警副參謀長。2006 年任武警參謀長。2009 年 6 月任副司令員，旋接替退役的吳雙戰出任武警司令員。從其簡歷來看，政法委書記周永康是他的上級領導，同時他也是郭伯雄和徐才厚的屬下。

習近平上台後，先把王建平調離武警，剝奪其軍權，等把退休的徐才厚、郭伯雄、田修思都拿下後，才開始動現役的王建平。

《南華早報》引述消息人士表示，王建平是 2016 年 8 月 25 日在四川成都指導檢查工作時，被軍方檢察院的人員直接宣布逮捕的，同時被帶走的還有他的現任祕書、在北京的夫人、前祕書（武警訓練局副局長蘇海輝）等七人。

另有軍方消息人士透露，王建平當武警司令期間，武警工程幾乎被他兒子包攬，或者要經過他兒子「發配」給承建商，王建平對此明知故縱，使其兒子大發其財。當局保守估計他兒子身家達 20 億元人民幣。其兒子據悉已經歸案。

政論家陳破空分析，王建平被整肅，顯示習近平進一步掌控了軍隊和武警，才能將現役的副總參謀長拿下來，是一個指標性的事件。

美國之音 2016 年 8 月 30 日引述中國歷史學家、獨立評論人士章立凡稱，在中共十八大六中全會換屆關鍵時期，習近平還沒

有完全解決黨內人事問題，因此拿下這些將領來清除江澤民軍中勢力，牢控軍權。

調走王建平 習近平除心頭大患

據悉，武警系統被認為是習近平最不放心的部隊，是習的「心頭大患」。

王建平2014年從武警調往軍隊，2015年1月海外有消息傳出：習近平調虎離山，將王建平從武警部隊司令員調任副總參謀長之後對他祕密調查。在調查一年半之後，終於有了結果。

2012年7月30日，時任中共中央軍委主席胡錦濤頒發晉升上將軍銜警銜命令狀，武警部隊司令員王建平成為六個晉升上將的軍頭之一。時任軍委副主席習近平向包括王建平在內的新上將一一握手，看不出有任何異樣。但是對軍委、武警的大調整，已經開始祕密醞釀，在他接替胡錦濤執掌軍符之後，就逐步開始了。

此前武警部隊曾一直被江派所把持，傳多次涉嫌參與政變。武警部隊屬「第二權力中央」政法委的管轄之內，2003年周永康還兼任武警部隊第一政委，江派黨羽遍布公安、武警政法系統。

由於武警部隊不像正規軍隊那樣需要非常嚴格的調動程式，一個公安局長可以非常容易地調動武警部隊，再加上武警的機動性、靈活性也令其調動非常隱祕。因此，武警部隊的調兵權在過去數十年中很重要，也是習近平下決心要解決的問題。

在周永康落馬後，習近平親自主導武警高層大換血。2014年底才被破格晉升兩年多的武警部隊司令員王建平、政治委員許耀元，雙雙被踢出武警部隊。被視為習近平親信的軍隊副總參謀長

王寧出任武警司令員，原司令員王建平調任專責軍訓的副總參謀長，原武警政委許耀元也與軍事科學院政委孫思敬對調。同一部隊司令、政委雙雙調職，在軍中可謂罕見。從此拉開了「近衛軍」大清洗的序幕。至 2016 年，中國超過三分之一省份的武警總隊，已經調換了省級的軍、政主官。

2016 年中共「兩會」期間，武警現任政委披露，將提案在《武警法》中加入「軍委主席負責制」，未來可能將由習近平直接掌握指揮權。

發動政變　武警成「江私家軍」

中共已故大將羅瑞卿的兒子羅宇曾向《大紀元》介紹：「武警這塊，應該說是江澤民上台之後親手打造的，這套系統是他重新建立的。比起郭伯雄、徐才厚所掌控的軍隊，武警更是江澤民的鐵桿，而且擴大到了可以稱之『第二武裝』，和軍隊有點平起平坐了。」

江澤民為了在退休後繼續掌握實權，除了安排親信周永康駕馭公安系統、武警外，同時安排由喜貴執掌中央警衛局，安排郭伯雄、徐才厚和賈廷安控制軍隊。王建平作為武警司令員直接聽命於周永康。

於是，中共武警在周永康掌控時代成了江澤民的「私家軍」，周永康曾在北京動用武警部隊發動「政變」。

2012 年 2 月 6 日，時任重慶公安局長王立軍夜逃美國領事館，拉開重慶事件的大幕。隨後，周永康與薄熙來勾結密謀造反的消息被曝光。2012 年 3 月 15 日，江澤民集團原定接班人、原重慶

市委書記薄熙來被免職；3 月 19 日，周永康命令王建平領銜的武警部隊包圍中南海，試圖政變。

2012 年 7 月，《新紀元》周刊獨家報導了《胡錦濤奪三權收復北京》的祕聞，談到當時周永康控制的北京市武警總隊，在 2012 年 3 月初突然通過一項新規定：凡有突發應急事件，武警部隊可以「邊行動、邊報請批准」。也就是說，未經中央軍委批准，北京武警就能執行戰鬥任務，變相剝奪了中央軍委的指揮權。

值得胡、溫慶幸的是，這事很快被中央知曉，於是胡錦濤趕緊採取緊急措施，以中央軍委的名義，收回政法委調動武警部隊的權力，此舉有效地防範了周永康的異動，阻止了周永康調動武警部隊的權力。

外界認為，這就是王建平參與周永康「3‧19 政變」的直接證據。

旅居美國的中國政治評論家陳破空認為，王建平應該是參與了周永康、徐才厚、郭伯雄這一系列的密謀政變企圖，包括當時的「3‧19」事件。武警是對內，所謂的「維穩軍」，這個維穩軍除了對付人民以外，它可以對付黨內政敵。在周永康的布署中，武警是非常重要的一部分。

陳破空表示，前段時間支持習近平的網站刊出《防政變是下一段非常重要的工作》，其中就有個說法叫「除惡務盡」、以防反撲。拿下王建平，應該是繼續整肅軍隊武警，對江澤民勢力「除惡務盡」的做法，是習近平鞏固軍權的一部分。

據信落馬的前武警司令王建平，以及被免職的江蘇省委書記羅志軍、江西省委書記強衛、湖南省委書記徐守盛、新疆省委書記張春賢等人，均深涉江澤民集團的政變行動，也是武警醫院及

各地方迫害法輪功罪行的責任人;其中新疆、湖南等地還是江派的攪局及政變基地。

武警醫院涉活摘器官

王建平的罪行,除了參與政變,還涉及慘絕人寰的活摘器官。

總部設在紐約的「追查迫害法輪功國際組織」(簡稱「追查國際」),公布的《關於中共軍隊、武警醫院系統涉嫌參與活體摘取法輪功學員器官的調查報告》提到,中國大陸多個省市包括大部分的軍隊、武警醫院的器官移植機構涉嫌活體摘取法輪功學員器官以供移植。王建平名字也被列入追查名單之內,並且王建平要為武警醫院參與活摘器官罪行負責。

2014 年 10 月 28 日,「追查國際」發布了《中共軍隊和武警醫院涉嫌活摘法輪功學員器官的醫務人員的追查名單》。該通告表示,中共軍隊醫院和武警醫院及其總後勤部是執行江澤民屠殺命令,活體摘取法輪功學員器官做移植的核心機構。

2016 年北戴河會議敏感時期,《南華時報》披露前中共總政治部主任、上將李繼耐,和前總後勤部部長、上將廖錫龍被帶走。大陸體制內專家辛子陵證實,兩人被調查,是因為軍隊涉活摘器官問題,讓他們交代問題和提供證據。

周永康製造衝突突顯武警「維穩」

中共武警是江澤民集團迫害民眾的主要暴力武裝。周永康從 2007 年成為中共政治局常委後,為了迫害法輪功和打壓不斷高漲

的民間維權運動，動用的「維穩」費用逐年增加。

奧運後的 2009 年、2010 年、2011 年，中國公共安全支出分別為 4744.09 億元、5517.70 億元及 6293.32 億元，年增幅在 700 餘億元左右。2012 年的維穩經費達到 7018 億元人民幣，超過一年 6703 億元的軍費開支。

《新紀元》周刊曾曝光：周永康為強調政法委的作用，常常故意製造衝突，以突顯「維穩」的重要性。比如周永康在接到一些地方群體事件報告時，故意拖延時間，等待事態激化後，才向中央軍委要求調動大批武警；有時周永康還無事生非，故意抓捕一些群眾領袖以激化矛盾，讓事態升級；有時武警更故意擴大衝突，以騙取軍委同意調兵；有時周永康甚至製造事端，讓政敵揹黑鍋。

如此種種，調動武警就成了周永康牢牢掌控的一張張政治牌。

在鎮壓民眾方面，武警的罪行也是罄竹難書。如 2008 年 3 月拉薩民眾抗爭事件，中共武警出擊挑事；2009 年 7 月新疆烏魯木齊的流血事件，發生了武警部隊的殘酷鎮壓。同樣是這支武警部隊，還曾於 2005 年在廣東汕尾開槍打死無辜村民。

通過在新疆、內蒙、西藏及甕安、吉首等地爆發的群體事件中，周永康反覆使用裝甲等特種裝備對民眾殺戮，不斷強化和訓練手中控制的暴力機器。

有評論稱，王建平這個現役大將被拿下，這標誌著習近平反腐「除惡務盡」的決心，從徐才厚、郭伯雄，到田修思、王建平，習近平的反腐正在「從外到裡」，一層層一步步的逼近「核心大老虎」江澤民，這與當年周永康的落馬歷程一樣。

第二節

「3・19政變」案五年 武警高層全數落馬

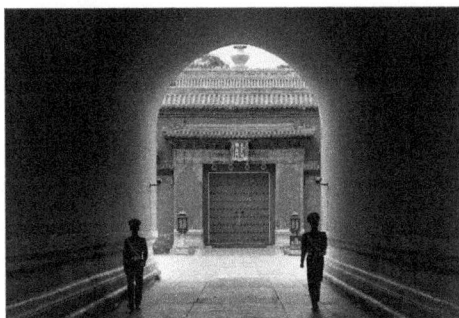

2012年3月19日，江派周永康大規模調動武警包圍新華門和天安門，發動一場未遂政變。至今五年，武警部隊高層幾乎被「一網打盡」。圖為2009年武警隊伍出列天安門。（Getty Images）

習近平上任後，對中共武警部隊進行清洗及高層人事布局，一些現任和退休高級將領紛紛落馬。

2012年，由江派前常委周永康掌控的武警部隊參與了其策動的北京「319政變」，而已落馬的前武警司令員王建平被指捲入此次政變。到目前，武警部隊高層幾乎被「一網打盡」。

中共武警部隊大清洗

習近平上任後，開始不斷清洗中共武警部隊，有十多名高級將領被調查，同時也不斷調整中共武警總部及多省武警總隊的高層人事。

2014 年底，中共武警司令員王建平與副總參謀長王寧對調，王寧任司令員，王建平前往總參任職；同時軍科院政委孫思敬和武警部隊政委許耀元對調。

孫思敬任政委兩年後到齡退休，由朱生嶺接任。而朱生嶺於 2016 年 2 月剛由南京軍區政治部主任調任軍委國防動員部政委，10 個月後又轉任武警部隊。

王建平被調離後不久，中共中央軍委巡視組 2015 年 2 月初開始對武警及海軍、空軍的黨委班子及其成員進行巡視。當時，海外媒體引述北京軍界人士透露，其實巡視組主要是查王建平及其嫡系的問題。

2016 年 12 月 29 日，王建平因涉嫌「受賄犯罪」被立案偵查，成為軍內首個落馬的現役上將。

2016 年 10 月 27 日，時任中央候補委員、武警部隊副司令員牛志忠被開除黨籍。此前，牛志忠被處分的消息一直沒有公開。

這之前，中共武警交通指揮部原司令劉占琪、武警交通指揮部原政委王信、武警交通指揮部原副司令員翟木田、武警福建總隊原司令員楊海、武警江蘇總隊原司令員於鐵民等先後落馬。

除中共武警司令員王寧和參謀長秦天外，當時武警部隊的副司令員王兵，是軍改後升任此職務，其曾是駐紮雲南的第 14 軍軍長；武警副司令楊光躍，是原雲南省軍區司令員。可見，王兵和楊光躍均從異地提拔。

大陸媒體曾報導，在軍隊中，武警反腐形勢最為嚴峻，包括王建平、牛志忠都出事，除這兩人外，武警部隊高級將領有十多人被查，被稱為「軍隊腐敗重災區」。

江派策動北京「3‧19 政變」

擁有百萬人的武警部隊是中共軍隊之外的「第二武裝」,在江澤民任內,武警成為迫害中國民眾的主要暴力武裝。從 2007 年起,即胡錦濤執政期間,武警部隊一直控制在時任政法委書記周永康手中。江派黨羽遍布公安、武警政法系統。

被江派所把持的中共武警部隊涉嫌多次參與政變。江澤民、曾慶紅、薄熙來、周永康曾圖謀在十八大後發動政變從習近平手中奪權,所倚仗的重要武裝力量即是武警,包括王立軍逃館事件中,薄熙來曾動用武警包圍美領館;隨後的北京「3‧19 政變」中,周永康動用的也是武警。

據報導,2012 年 3 月 19 日深夜,據北京市民反映當晚長安街軍車如林,機場布控,中南海紅牆內傳出槍聲。外界紛傳「北京出大事了!」

當時有說法稱,「3‧19」當晚發生的是一場未遂政變,政變主角正是當時的中共政法委書記周永康,目的是搶奪薄熙來案的關鍵證人、大連實德富商徐明,並伺機行刺前國務院總理溫家寶。

也有說法稱,周永康調動大規模的武警部隊,包圍新華門和天安門。胡錦濤急調 38 軍入京,38 軍士兵同政法委大樓外的武警發生對峙,武警對空鳴槍示警,但 38 軍的部隊迅速將眾武警繳械。當晚不少北京市民都聽到槍聲。

王建平出身瀋陽軍區,是徐才厚提拔的軍官。海外媒體曾報導,王建平在擔任中共武警部隊司令員時,捲入了周永康 2012 年策動的「3‧19 政變」。

習近平曾多次在公開場合上說:「中共黨內存在野心家、陰

謀家。」「如果不除惡務盡，一有風吹草動就會死灰復燃、捲土重來。」

有評論認為，周永康、薄熙來、江澤民、曾慶紅等人就是「陰謀家」與「野心家」。

據報導，習近平 2016 年軍改的三大重點之一就是武警部隊改革。

此前，《大紀元》從武警部隊北京總部獲得內部消息，習近平剷除武警部隊高層中的江派勢力後，正著手推動武警改革，修改《武警法》，取消國務院和地方黨委政府調動武警部隊的權力，將武警部隊的指揮權收歸軍委。

時事評論員倫國智表示，武警部隊以前是江派政變的主要軍事力量，現在武警高層中的江派勢力已被習近平大清洗。目前軍隊改革已基本落實，江派軍中的勢力不斷被清洗。習近平收回國務院和地方黨委調動武警部隊的權力，是清算江澤民的重要布局。

傳 47 名軍方高官被免職 包括前武警政委許耀元

2017 新年伊始，習近平再對軍隊高層進行大清洗行動。除武警高層異動外，海軍司令換人，南部戰區和中央軍委軍紀委書記等均有調整，軍中傳出 47 名軍方現役中將、上將被免職，其中包括 18 名現役上將。徐才厚親信、前總政祕書長、現任西部戰區政委朱福熙已落馬。據稱部分與肅清郭伯雄、徐才厚餘毒有關。

47 名被免職的軍中高層中，包括江澤民前大祕賈廷安、國防大學政委劉亞洲、軍事科學院院長蔡英挺、軍事科學院政委許耀元等。

2010 年 7 月許耀元任武警部隊政委，2012 年 7 月其晉升武警上將警銜。

江派長期掌控武警 習當局大力整頓

武警前司令員王建平落馬後，外界分析，當局選擇在辭舊迎新時拿王開刀，釋放了 2017 年將大力清理整頓武警的信號。

中共武警受國務院和中央軍委雙重領導。從周永康任中央政法委書記開始，武警司令員成為中央政法委委員，更直接參與了黨政事務。同時，武警還承擔著許多實則與部隊無關的經營活動，這種亦軍亦民的性質，留下不少灰色地帶，既容易陷入經濟腐敗，又容易牽涉政治博弈。

時政評論員陳思敏的文章表示，十八大前，武警部隊在名義上是接受國務院和中央軍委雙重領導，但其實際掌控權主要掌控在政法委手中。周永康任中央政法委書記期間，2003 年還兼任武警部隊第一政委，江派黨羽遍布公安、武警政法系統。其年維穩經費曾經超過軍費開支，到最後政法委權力坐大，成為「第二權力中央」，胡溫「政令難出中南海」，很大原因就是周永康依仗其掌控的武警力量。習近平上任後，對中共武警部隊進行人事大調整和清洗，收回武警指揮權。

習近平 2016 年軍改的三大重點之一就是武警部隊改革。

2016 年 5 月底，大陸有 31 個省動用數十萬武警在北京方向及相關重點方向舉行了一場大規模演練。分析認為，這是習近平對武警部隊的一次測試和演練，是在為未來展開抓捕江澤民的重大行動做準備。

第三節

武警大清洗 架構大變
江派紛被抓

武警部隊是「軍隊腐敗重
災區」，已有高級將領
十多人被查，包括王建平
（左）、牛志忠（中）、
許耀元（右）都出事。（大
紀元資料室）

武警被作「大手術」 有重大變化

中共十九大後，習當局對武警部隊進行了重大改革。當局的
官方文件顯示，武警今後將由雙重管理改由中央軍委單一管理。
由此，武警由「軍警不分」，被調整為「軍是軍、警是警、民是
民」；未來地方也不再擁有對武警兵力的調動權；武警架構調整
後各機關將被降級等等。

在中共前黨魁江澤民任內，由其親信前政法委書記周永康把
持的武警部隊，一度成為「江澤民的私家軍」。分析認為，此次
武警改革的相關「決定（草案）」的通過，將從制度層面革除
周永康時代所造成的武警部隊的分權局面，政法委的權力會再
度縮水。

2017 年 10 月 31 日，中共人大會議審議了關於中共武警部隊

改革的相關「決定（草案）」，武警部隊司令王寧稱將對武警部隊領導指揮體制和力量結構進行調整改革。

官方自稱，此次武警部隊改革的主要任務和重點是，強化中共中央和中央軍委對武警部隊的集中統一領導，貫徹軍委主席負責制，按照「軍是軍、警是警、民是民」的原則，調整武警部隊指揮管理體制和部隊編成等。

分析：習防江派政變 對武警收權

這也顯示當局強化中央軍委領導，武警的領導權和任命權被回收到中央軍委。

被江派所把持的中共武警部隊曾涉嫌多次參與政變。

此前，由於武警的雙重領導性質，經常有地方高官擅自調動情況，包括 2012 年前重慶市委書記薄熙來調動市屬武警部隊赴成都，圍困美國駐成都領事館，要求交出逃入該領事館的重慶公安局長王立軍。此舉引發外界對武警管轄權的議論。

隨著重慶事件的爆發，江澤民、曾慶紅、周永康、薄熙來圖謀政變從習近平手中奪權的計畫曝光，他們主要依靠的重要武裝力量就是武警部隊。

隨後外界廣傳，2012 年 3 月 19 日深夜，周永康動用武警發動「3‧19 政變」，與溫家寶搶奪薄熙來案的關鍵證人徐明。也有說法稱，周永康調動大規模的武警部隊，包圍新華門和天安門。胡錦濤急調 38 軍入京，與武警發生衝突。北京當晚出現槍響。

港媒東網 2017 年 11 月 3 日的評論文章表示，此次當局向全國人大提交的議案，就是要將武警這把槍桿子重新收回到軍委主

席手中，防範陰謀家利用這支部隊造反。

時事評論員李林一說，習當局此舉，表面上好像是對武警架構做出大動作，實際上是對武警收權，防範江派勢力未來利用武警政變。

武警料將遭拆分

改革後的武警部隊，職能任務、警銜制度、保障體制、部隊布署和兵力調動使用制度，都將做出一系列調整，且未來地方政府不再擁有對武警部隊的兵力指揮、調動權力。

中共武警部隊於 1982 年 6 月成立，負責國家安全保衛任務。1995 年 5 月，中共國務院、中央軍委發布武裝部隊相關管理體制的決定，「武警部隊由國務院、中央軍委雙重領導，實行統一領導管理與分級指揮相結合的體制。」即中央軍委通過軍方三總部（總參謀部、總政治部、總後勤部）對武警部隊的統一領導、統一管理與國務院通過各級公安機關按規定權限對武警部隊實施分級指揮相結合的「兩統一分」體制。

這就造成地方公安系統對武警事務有較大的話事權。地方政府可以針對各種的群體事件隨意調動武警防暴鎮壓，甚至出動武警為重要活動維持秩序。

當時是中共公安部長兼任武警第一政委，公安又屬於政法體系公檢法的一支，這就造成武警部隊的實際指揮權一度長期掌握在公安部的上級部門——江派政法沙皇周永康掌控的政法委手中。

因此，從大陸官方出台的相關草案顯示，實行多年的武警系

統「二統一分」的體制將走向終結。

傳武警人數大縮編 分析：各機關降級

據估計，中共武警部隊的總兵力約達 150 萬，包括超過半數的 80 萬內衛部隊。這種規模不僅超過了世界上除中共外其他國家內衛部隊人數的總和，甚至超過了絕大多數國家的正規部隊的人數。臃腫的武警部隊，已成為中共的負擔。

當局也已經開始對武警部隊大縮編。

2017 年 3 月 23 日，鳳凰新聞網發表題為《2017 年武警部隊改革調整有何新動向》的文章提到，武警部隊全面改革，截至 2018 年完成。軍委要求全武警部隊共壓減幹部 3 萬 6000 名，各總隊壓減 400 名，北京總隊壓減 1200 名；撤銷北京總隊師一級和新疆總隊南疆指揮部領導機關。現有 14 個武警機動師只保留 4 個，其餘就近劃入各總隊編制。

文章說，總隊由軍級降為正師級，支隊為正團級，不再設立旅級支隊。各團級單位不再設立副職，下設作戰、行政、訓練、政工、保障五個處，處長為副團職，各處設六名參謀，參謀最高為副團職。保留四所院校，即工程學院、政治學院、後勤學院、警種學院。撤銷軍樂團、文工團、幹休所等。醫院移交地方。

有分析認為，武警架構調整後各機關將被降級。

中共武警系統改革實際上從十八大以後就已啟動。最突出的兩點是：以往在名義上，對武警的領導由國務院、中央軍委共同實施，且國務院列在前。因此，在以往涉及武警的文件法律簽發時，國務院總理溫家寶列名軍委主席胡錦濤之前，並不因為二人

黨內地位而改變。

十八大之後，則是中共中央軍委主席名字在總理之前，一改往昔的做法。再如大陸所有省級武警總隊的總隊長一律改稱司令員。

過去，武警部隊正師級以上高級領導幹部的任命，由國務院總理與中央軍委主席共同簽署下達，以後只有軍委主席能簽署任命。公安部部長及地方各級公安廳廳長、局長，也將不再擔任武警各級部隊的第一政委。

而中共武警的改革從 2016 年 3 月初開始運行。在新體制編制下，武警部隊機關已由之前的三大部（武警部隊機關設有司令部、政治部、後勤部）改為四部委，即參謀部、政治工作部、後勤部、紀委。

武警司令關鍵時刻多次表態

61 歲的武警司令王寧來自軍方「南京系」，也是中共太子黨，與習近平關係密切，被認為是「習家軍」中的一員。據報，王寧在第 31 集團軍工作期間，就與當時在福建省任職的習近平相識。

2014 年 6 月，王寧剛從北京軍區參謀長一職升任副總參謀長，隨後出任武警部隊司令，顯示他頗受習近平的信任。王寧還是中央委員、中央政法委委員。

中共十九大前，王寧發表 5000 多字的文章向習表忠。2017 年 10 月 11 日，王寧在中共黨校機關刊物《學習時報》發文稱，「要全面徹底肅清郭徐流毒」、「要維護和貫徹軍委主席負責制，核心要義是維護習權威、聽從習指揮」。

文中批前軍委副主席郭伯雄、徐才厚「嚴重觸犯政治底線」、「虛化弱化軍委主席負責制」。同時，稱「習果斷查處郭伯雄、徐才厚，以軍委主席的絕對權威下懲治腐敗、肅清流毒……」

中共十九大後，王寧又在武警進行改革之際表態。2017年11月3日，王寧在甘肅總隊表示：「維護軍委主席負責制，確保黨對武警部隊的絕對領導。」

港媒《信報》指，11月初，中共武警部隊政治工作部下發一份文件，披露武警內部存在六大問題，包括「內部交往庸俗功利」、「根本態度不端正」等等。

文件要求各級治理整頓，並明確黨委機關、幹部、士官、士兵等不同層次的整頓重點和整頓重要時機。

港媒的評論文章表示，武警部隊正啟動大規模改革，有關領導指揮體制、力量結構，都將被打亂重組，未來主要武裝力量劃歸中央軍委直接指揮，部隊內黨的工作、反腐敗也交由中央軍委政工部、軍紀委負責，甚至後勤工作也分開處理，預料地方政府角色將減輕。

武警一度淪為江澤民「私家軍」

其實，擁有百萬人的武警部隊是中共軍隊之外的「第二武裝」，不僅遠遠超過中共的一級大軍區，甚至遠遠超過海軍、空軍。在上世紀90年代，這支百萬大軍出現建設高峰，整建制就劃轉了14個陸軍師。

江澤民剛上台的時期，由於「楊家將」掌控著軍權，江不得不轉而倚重武警，並為此耗費巨大精力和金錢。武警在此時期迅

速發展，成為「江澤民的私家軍」，也成為迫害中國民眾的主要暴力武裝。

2006 年，中共武裝警察連級（中隊）以下攜械行動批准權力，被下放給了省級政法委。武警司令和政委撰文，要求部隊轉向應付大規模群體事件，導致各地動用武警鎮壓民眾抗議的次數劇增。

在周永康掌中央政法委時代，武警差點淪為其「陰謀篡黨奪權」的工具。

2007 年起，即胡錦濤執政期間，武警部隊一直控制在時任政法委書記、政治局常委周永康的手中。江派黨羽遍布公安、武警政法系統。

周永康從 2007 年成為政治局常委之後，為了迫害法輪功和打壓不斷高漲的民間維權運動，動用的「維穩」費用逐年增加。奧運後的 2009 年、2010 年、2011 年，中共公共安全支出分別為 4744.09 億元（人民幣，下同）、5517.70 億元及 6293.32 億元，年增幅在 700 餘億元左右。2012 年的「維穩」經費達到 7018 億元，超過一年 6703 億元的軍費開支。

中共國防部 2013 年發表國防白皮書提到，大陸武警 2011 到 2012 年期間處置公共突發事件、維護社會穩定等累計用兵 160 多萬人次，大多是官方用來打壓維權運動。

《大紀元》獲悉，周永康為強調政法委的作用，常常無事生非，有意將事態擴大化，以騙取調動大規模武警部隊的軍委批示。周永康在接到一些地方群體事件報告時，故意拖延時間，等待事態激化，才向中央軍委要求調動大批武警，以此騙取維穩費，並讓政敵背黑鍋。

　　2017 年 3 月 23 日，鳳凰新聞網發表題為《2017 年武警部隊改革調整有何新動向》的文章質疑說，中共公安部一個部級單位，怎麼能轄制這個百萬大軍，又有什麼機構指導這支百萬大軍，又以何種方式來統帥這支大軍？什麼都沒有縝密的安排，就倉促甚至慌忙地成立了一支百萬大軍，還交給了公安部管轄，這簡直就是荒唐。以後在這支百萬大軍的建設中，怎麼能不出現一些震驚中外的事。

　　文章還質疑，當時成立百萬武警大軍幹什麼？說是擔負保衛國家的任務，那中共軍隊是幹什麼的？說是具有普通警察（公安）性質，那警察是幹什麼的？說是為應對處置恐怖襲擊，那法國只成立一個幾百人的特種警察部隊就夠了，還用百萬大軍？說是支援國家經濟建設和執行搶險救災任務，那有必要成立百萬武警嗎？武警遂行的根本任務不明確，至少說出來的理由，讓人對它存在的必要性產生質疑。而且，這規模已搞成了和軍方比肩的第二武裝了，有必要搞成這麼大嗎？

　　文章提到，自上世紀末，武警的建設產生加速度：編制越來越大，不斷地升格，各省的武警總隊由正師已全部升格到副軍，並一部分升格到正軍；幾十個教導隊升格為正師級軍事院校；裝備越來越精良；將軍越來越多，光總部機關、院校就有 160 餘名將軍，若將各省武警總隊的將軍和高配的將軍都加進去，至少也要有 300 多名將軍。

前武警高層被一窩端

　　當周、薄政變計畫敗露之後，習近平當局就開始對中共武

警部隊人事進行大調整，武警高層遭到全面清洗，一些現任和退休高級將領紛紛落馬，從司令員到參謀長，幾乎整個領導班子一窩端。

2016 年 10 月 27 日，時任中央候補委員、武警部隊副司令員牛志忠被開除黨籍。

2016 年 12 月 29 日，前武警部隊司令員王建平因涉嫌受賄犯罪被立案偵查。他是中共十八大後落馬的第一個現役軍方上將，也是軍委聯合參謀部成立以來首個被查的「軍虎」。

港媒曾披露王建平落馬內情，他曾獲周永康力推。2009 至 2012 年間，身為武警部隊司令員的王建平直接向周永康報告工作。同時王也是郭伯雄和徐才厚的屬下。

中共十八大以來，包括王建平、牛志忠在內，武警部隊落馬的高級軍官不少於 12 名。其中幾人來自武警交通指揮部，該部前司令員劉占琪、政委王信、副司令員瞿木田、總工程師繆貴榮悉數落馬。武警交通指揮部被媒體稱為「落馬」重災區。

此外還有江蘇、福建、天津、廣東等地的武警高級軍官落馬：武警江蘇省總隊前司令員于鐵民、武警福建總隊前司令員楊海、天津消防總隊前政委徐豪元、廣東省公安廳前黨委副書記蔡廣遼以及武警工程大學前校長沈濤等。

2017 年 6 月港媒《星島日報》引述消息透露，有 19 名中共地方武警部隊的高層同時被免職，包括 4 名正軍職、15 名副軍職。他們與此前落馬的武警高官關係密切。

被免職的武警高官包括武警政治部副主任程偉、武警水電指揮部政委唐曉、武警後勤部政委詹海觀、武警河南總隊司令員唐大淮、遼寧總隊司令員于文福、安徽總隊政委馬立克、海南總隊

政委雷萬軍、天津總隊政委王獻華、北京總隊政治部主任蘇瑞超等。其中，西藏總隊司令員宋寶善和政委肖陽忠雙雙被免，重慶總隊司令員何良魁和政委汪海也被免職。

在王建平落馬後，就不斷傳出對前武警部隊政委許耀元上將不利的消息。此外武警前副政委于建偉、前副司令員戴肅軍也被調查，另一名副司令員潘昌杰和副政委姚立功被免職。

港媒消息稱，武警深挖于建偉、王建平等要案，成立專案組，牽連甚廣。

來自北京的消息透露，許耀元被軍紀委帶走調查，他出身總政治部，被視為徐才厚嫡系，是徐才厚賣官的操盤手，本人也培植親信，家族共有 11 人進入軍隊，暗示許以權謀私。

如果許耀元落馬消息成真，他將是繼中共前軍委副主席徐才厚、郭伯雄、武警部隊原司令員王建平、國防大學前校長王喜斌、空軍前政委田修思之後，第六個落馬的上將。

在一系列人事調整和軍隊改革中，中共武警領導層進一步重新洗牌。港媒報導稱，2016 至 2017 兩年時間內，中國的過半省份武警總隊主官發生了調整。

財新網 2017 年 7 月 3 日報導，自 6 月以來，國務院、中央軍委調整全國 14 個省份和地區共 15 名武警部隊主官。這包括 10 名武警總隊司令員和 5 名武警總隊政委調任新職。

此外，據海外「追查迫害法輪功國際組織」的調查報告顯示，武警部隊高層積極追隨江澤民集團，執行迫害法輪功政策，換取升遷機會，而武警醫院也成為非法器官移植的幫凶。

范長龍上將也出事了

第三章

王喜斌落馬獲證實
多名上將高危

習近平利用反腐「打虎」重組軍隊,聚焦肅清郭徐流毒。2016年六中全會前,與徐密切的王喜斌、張樹田等三上將落馬;十九大前原中央軍委房峰輝與張陽落馬;2017年起的第二波軍改計三年內將有 2 萬 6000 名現役高、中級軍官被清洗。

2017 年 2 月 24 日,中共國防大學原校長王喜斌的全國人大代表資格被終止,其出事傳聞獲證實,成為中共十八大以來第五名落馬的上將。(新紀元合成圖)

第一節

六中前習再拿下三上將
直指賈廷安

胡彥林

張樹田　　　王喜斌

2016 年 10 月，三名上將接連被軍紀委帶走，包括原總政治部前副主任張樹田、國防大學前校長王喜斌、以及前海軍政委胡彥林。（新紀元合成圖）

　　2016 年 10 月，六中全會前夕，習近平一周抓了近 40 名將官，包括三上將：原總政治部前副主任張樹田、國防大學前校長王喜斌，以及前海軍政委胡彥林。

　　胡彥林任海軍政委期間，江澤民曾策劃海軍在黃海暗殺胡錦濤事件，張樹田則是軍中「河南幫」核心人物，其出事直指河南幫幫主賈廷安。

　　近年來，已有多名「河南幫」將領落馬。若張樹田被查消息屬實，則意味著河南幫幫主、江澤民在軍中安插的「監軍」賈廷安處境岌岌可危。

清洗軍中江派殘餘 習近平頻釋信號

2016 年 10 月 10 日，中共軍委在北京召開全軍各大單位和軍委機關各部門黨委書記專題會議，研究布署全面肅清郭伯雄、徐才厚流毒影響。據中共官方報導，這個專題會是經習近平批准召開的。中共軍委副主席范長龍、許其亮出席並發表講話，全體軍委委員也全部出席。

在會議上，范長龍和許其亮都強調要在思想上、組織上，全面肅清郭伯雄、徐才厚的流毒影響，要求全軍領會習近平的反腐意圖，學習習近平的系列講話，增強「四個意識」，與習近平保持一致。

10 月 11 日，中共軍方的機關報《解放軍報》在頭版刊登題為《不斷增強全面徹底肅清郭伯雄徐才厚流毒影響的自覺性和堅定性》的評論文章。文章說，郭伯雄、徐才厚的流毒影響，是全面的、深層次的。習近平與中央軍委對肅清流毒高度重視。

文章還說，軍中肅清工作與習近平的要求有較大差距，「思想、政治、組織、作風方面的深層次問題清理還不夠到位」，「與新體制相適應的思想觀念、思維方式、工作模式還沒有完全確立起來，不收手不收斂、頂風違紀的問題時有發生。」

《北京日報》微信公號「長安街知事」報導稱，僅 2016 年，「肅清郭徐流毒」就在各種重大場合出現不下 10 次。報導引述中共國防大學政委劉亞洲上將對軍中反腐的看法，認為查處徐才厚、谷俊山等腐敗分子，只是解決問題的開始，反腐要打攻堅戰，也要打持久戰。他還分析認為，從此次全軍專門召開會議研究肅清郭徐流毒的規格來看，解決問題只是剛剛開始。

2016 年 9 月 19 日至 25 日，中共軍方在國防大學舉辦全軍副戰區級以上單位紀委書記培訓班。中共軍委副主席許其亮要求軍紀委書記們帶頭深入學習習近平講話，強化「核心意識、看齊意識」等，推進軍隊反腐。

9 月 26 日，許其亮出席全軍政法工作會議時強調「核心意識」等，他表示，這輪軍隊改革把政法獨立出來，與紀檢、巡視、審計共同構建了嚴密的權力運行制約和監督體系。許其亮再次強調，「堅決維護和貫徹軍委主席負責制，高舉司法反腐利劍，徹底肅清郭伯雄、徐才厚流毒影響。」

傳一周 37 名將官被抓 包括三上將

2016 年 10 月 13 日，微信圈傳出消息，中央軍委原總政治部前副主任張樹田上將於 12 日上午被軍紀委帶走。同時還有傳聞說，國防大學前校長王喜斌上將 13 日上午亦被軍紀委「雙規」審查。海外中文媒體隨後報導稱，張樹田、王喜斌兩名上將落馬的消息已從知情管道獲得證實。

10 月 14 日，港媒消息稱，年過七旬的前海軍政委胡彥林上將，也正接受調查。

若上述消息屬實，這將是繼徐才厚、郭伯雄和田修思之後，中共軍方第四、第五、第六名落馬的上將。但目前軍方尚未公開證實此消息。

10 月 15 日，軍方知情人士透露，包括張樹田、王喜斌兩名上將在內，過去一周有 37 名將官被抓，他們都是習近平要清洗的郭伯雄、徐才厚的「流毒中箭者」。

此波落馬將領還有剛剛成立的戰略支援軍副參謀長孫波少將、原北京軍區司令部直屬工作部長後調至河北省軍區任副政委的李志強少將、原總後副部長孫黃田少將、原總後營房部長王國明少將、天津警備區參謀長的王東大校等。

53歲的孫波曾任職第一集團軍防空旅，後獲郭伯雄賞識，調總參管理保障部任副部長、部長，2016年初成立戰略支援軍，孫波奉調出任副參謀長。李志強的落馬則意味著北京軍區司令部直工部連續三任部長出事被抓。

孫黃田原任總後財務部長，靠向分管總後的徐才厚行賄，買到總後副部長和少將之位，還涉嫌利用掌管總後財務部之便，為徐才厚、郭伯雄「洗錢」提供協助。王國明是原總後副部長、「軍中第一貪」谷俊山的手下。

大陸資深媒體人黃金秋向《大紀元》記者表示，六中全會前的關鍵時刻，張樹田落馬並不令人意外，徐才厚、郭伯雄在軍中賣官鬻爵，張樹田在軍紀委任書記是負有責任的。按問責條例，他也是首先要被問責的；其二，他能快速爬到這個位置上，在當時情況下，沒有受賄行賄可能性不大。簡單來說，他肯定是有問題的，他的落馬不奇怪。這應該是比較真實的消息。

除張樹田之外，黃金秋還獲知包括原國防大學校長王喜斌等共五個落馬的將軍，他強調消息可信度比較高，並分析：「軍隊的腐敗不是一兩天，出現這種情況不意外，也不稀奇，官員的落馬，只存在時間問題，不存在真假問題。」

他進一步表示：「六中全會前習近平要對腐敗官員進行進一步清洗，換上他目前信得過的人，也就是在一筐爛土豆中選哪些還沒那麼爛的。目前清洗也是為了確保換屆順利進行，而且下一

屆要搞改革的話，這些人也會成為絆腳石，對下一屆是非常必要的。」

胡彥林任上 胡錦濤黃海險遭暗殺

公開資料顯示，胡彥林，1943 年 1 月生，黑龍江哈爾濱人。2003 年海軍 361 潛艇失事後，前海軍政委楊懷慶被就地免職，胡彥林接任其職務，成為中共軍隊第九任海軍政委。2004 年 6 月晉升海軍上將軍銜。

2006 年初，江澤民血債幫活摘法輪功學員器官罪行在國際曝光。2006 年 5 月胡錦濤到黃海視察北海艦隊，胡乘坐最先進的一艘導彈驅逐艦巡視時，兩艘軍艦突然同時向該艦開火，竟然打死驅逐艦上五名海軍士兵。載著胡的導彈驅逐艦驚慌失措之下，立即調轉頭以發瘋的速度急速駛離艦隊演習海域，直到安全海域。為避免再遭暗殺，胡換乘艦上的直升機飛回青島基地，未作停留，也未回北京，而是直飛雲南。一個星期後，才回北京露面。

本已到青島準備慶賀的江澤民空歡喜一場。江甚至還約了老姘頭陳至立到青島等候殺胡的「佳音」。

事後，據被拘捕的艦艇官員供認，命令是江澤民下達的，江澤民的軍中心腹、海軍司令員張定發指揮手下人幹的。為保萬無一失，要兩艦夾擊，並許給他們大幅度晉級。這些人以為這次胡死定了，沒想到最後死的是自己，還有海軍的老大。幾個月後張定發在北京病死，據說其死前生不如死，死時人已經脫相。

胡錦濤這次險遭暗殺事件被香港媒體捅開後，張定發死後沒有弔唁、沒有悼詞，官方媒體也沒有發布其死訊。

2008年12月，海軍政委胡彥林退役。胡錦濤提拔胡耀邦的女婿劉曉江接任海軍政委。

張樹田是軍中河南幫核心人物

年屆八旬的張樹田，河南商丘人。曾任瀋陽軍區政治部幹事、總政治部組織部副部長、群工部長，1992年調任武警部隊政委，1994年晉升武警中將警銜。1999年升任總政治部副主任，次年授予上將軍銜。2002年11月任中紀委副書記，次年初兼任中央軍委紀委書記。2004年12月退役。

早在2014年徐才厚案發後，外界就傳出張樹田被當局立案審查的消息。據媒體報導，張樹田是早年中共軍中「河南幫」貪腐集團核心人物，與徐才厚關係密切，其任職期間大肆提拔河南籍官員，其中包括2012年被查的總後副部長谷俊山。

2015年11月，署名《總政知情幹部》的一封公開信曾揭露，中共總政治部內「徐才厚餘毒」猶在，利益集團幾名核心成員仍逍遙法外。

公開信矛頭直指張樹田，稱張樹田不僅提拔了時任濟南軍區政委徐才厚重返總政治部，而且賣官鬻爵，將河南老鄉楊定宇提拔到駐港部隊當宣傳處長、總政宣傳局副局長。張退休後，楊定宇又攀上幾個總政河南籍官員，一路買官當上了總政宣傳部副部長。

該信還稱，張樹田等大貪雖退，但貪腐已在全軍蔓延，形成一個個新派系新利益集團；公開信呼籲徹底整肅總政機關，抓捕張樹田等害群之馬。

而傳被抓的王喜斌與徐才厚關係也很密切，徐曾為王的《從這裡走上戰場》一書作序，王獲取軍銜的時間正是徐的任內。

他曾長期在第 38 軍任職，1998 年至 2005 年任第 27 軍軍長，2005 年至 2007 年任北京軍區參謀長，2013 年任國防大學校長。其所在的 27 軍曾參與天安門廣場的鎮壓，有不少 27 軍的退役軍人因待遇不公多次上訪。

習清洗軍中河南幫 鎖定賈廷安

時政評論員周曉輝分析，張樹田等將領被查，一方面呼應軍方釋放的肅清徐、郭餘毒信號，以此為契機，繼續在軍中「打虎」，掃除徐、郭餘黨的掣肘；另一方面，為打掉軍中「河南幫」做鋪墊。

中共軍中「河南幫」是指軍中一批河南籍官員，有總政原副主任張樹田、現任總政副主任賈廷安、總後原副部長谷俊山等。張樹田退役後，河南籍的賈廷安成為新一任「河南幫幫主」。

周曉輝表示，如果張樹田被查屬實，曾傳被軍紀委問話的賈廷安以及其他被二人提拔的軍官能否繼續平安，就不好說了。

賈廷安曾長期擔任江澤民的祕書，並非軍人出身，完全仰仗江的權勢而進入中共軍隊高層，替江「監軍」。1994 年賈廷安出任中共軍委辦公廳副主任兼軍委主席辦公室主任，2004 年調升軍委辦主任，2008 年 1 月任總政常務副主任，2016 年 1 月任中央軍委政治工作部副主任。

「河南幫」落馬的軍中高官已有王守業、谷俊山、總參信息化部少將董尤心和總政治部保衛部長于善軍。

2016 年 7 月，中共軍方通報空軍原政委田修思上將被立案審查。田修思 40 多年都是在新疆、蘭州等地搞政工，對新疆軍方人員非常熟悉。有消息指，在所謂反「疆獨」行動中，田修思掌握了一大批針對「疆獨」的中共軍方特工人員。這為他後來利用這批特工為薄熙來、周永康幹事打下了基礎。

田修思是河南孟州人。有消息稱，田修思是河南幫的要員，其出任空軍政委，是幫助郭伯雄、徐才厚箝制時任空軍司令許其亮。

另外，2016 年 4 月，62 歲的中共北京軍區副政治委員王健中將蹊蹺提前退役。王健曾擔任 2015 年北京九三閱兵副總指揮職務。值得關注的是，王健與被「邊緣化」的蔡英挺上將曾在 31 集團軍搭檔任職；王健是河南人，是否涉軍中「河南幫」，令人關注。

而有關「河南幫」幫主賈廷安的不利消息也頻傳。

2016 年 3 月，「河南幫」老巢河南省委書記與省長換人，溫家寶任總理時的頭號智囊謝伏瞻升任河南省委書記。在此前後，河南官員不斷落馬；鄭州「皇家一號」案被多次翻炒。「皇家一號」案及在河南發跡的郭文貴案牽連江派常委李長春、周永康、曾慶紅等人。李長春曾在河南主政多年，而賈廷安與眾多河南籍軍官以及李長春、郭文貴等人的發跡有關。

2016 年北戴河會議期間，有神祕微博號「學習開始」發了一條《你懂的》的微博，並用手的示意圖指向「賈」字：「我就不信你真能折騰到『2017 年』退休……」

2015 年底，有消息稱，賈廷安因涉及徐才厚、郭伯雄買官賣官受賄問題被查。此外，賈還持有北京、天津、上海、深圳、青

島等地八個物業，市值近 6000 萬元人民幣。

2015 年五中全會前夕，背景神祕的微博帳號「奉命歸國」發帖稱，「不信你『賈』會撐到 2017 年退休」。有分析認為，這是賈廷安要出事的信號。

2015 年 10 月 14 日，中共黨報發文批「軍中有領導以言代法，法律文件不如領導批條指示」等。有港媒文章分析，該文矛頭直指江澤民前祕書賈廷安，稱賈是江澤民安插在軍隊內的「監軍」。

2015 年 1 月，中共原總後勤部基建營房部長張金昌在《炎黃春秋》撰文披露了原海軍副司令員王守業的諸多黑幕，幾乎點名披露時任中共中央軍委辦公廳主任賈廷安和江澤民是王守業的後台。

此前有報導稱，賈廷安還涉嫌當年給賴昌星「通風報信」，使賴能順利出逃海外。

第二節

王喜斌落馬獲證實
多名上將高危

賈廷安　　李繼耐

張樹田　　廖錫龍

王喜斌出事傳聞獲證實，意味著賈廷安、張樹田、李繼耐、廖錫龍等人被查的消息並非空穴來風，或也將一一應驗。（新紀元合成圖）

　　2017 年 2 月 24 日，中共人大常委會表決終止四名官員的 12 屆全國人大代表資格。官方通報稱，全國人大常委會委員、全國人大教育科學文化衛生委員會委員、全國人大常委會代表資格審查委員會委員、國防大學原校長王喜斌，因「涉嫌職務犯罪」，本人提出辭去全國人大代表職務。2016 年 12 月 28 日，國防大學選舉委員會決定接受其辭職。

　　此外還有中共甘肅省委原常委、原副省長虞海燕，因「涉嫌嚴重違紀」，被責令辭去第 12 屆全國人大代表職務。

　　2017 年 1 月 11 日，甘肅省常務副省長虞海燕被宣布接受調

查，成為 2017 年「第一虎」。虞海燕與甘肅「首虎」陸武成有不少巧合，都曾從副省長職位上調任蘭州市委書記，兩人都是在新年伊始落馬等。

虞海燕上世紀 80 年代在甘肅省地方國企酒泉鋼鐵集團任職 11 年。多年來，一直有 20 多名原酒鋼中層舉報虞海燕等人貪腐。因積極跟隨江澤民集團迫害法輪功，時任蘭州市委書記虞海燕、甘肅省委書記王三運等被列為參與迫害法輪功學員的責任人。

山東省日照市國資委原黨委書記杜傳志與棗莊市原副市長趙聯冠，因「涉嫌違紀」，兩人都提出辭去第 12 屆全國人大代表職務。

王喜斌出事傳聞獲證實

王喜斌被指涉嫌職務犯罪，其全國人大代表職務被終止，證實其出事傳聞。王喜斌也成為中共十八大以來，繼徐才厚、郭伯雄、田修思、王建平之後，第五名落馬的上將。

時年 69 歲的王喜斌曾任中共第 38 集團軍參謀長、第 27 集團軍軍長，2005 年 12 月任北京軍區參謀長，2007 年 9 月任國防大學校長、校黨委副書記。王喜斌 2007 年 7 月晉升為中將軍銜，2010 年 7 月晉升為上將軍銜，2013 年 7 月到齡退役。

2016 年 10 月 13 日，大陸微信圈傳出消息稱，中央軍委原總政治部前副主任張樹田上將於 12 日上午被軍紀委帶走，國防大學前校長王喜斌上將 13 日上午亦被軍紀委「雙規」審查。

當時另有軍方知情人士透露，除張樹田與王喜斌兩名原退役上將落馬外，過去一周有 37 名將官被抓，他們都是習近平要清

洗的郭伯雄、徐才厚的「流毒中箭者」。

2016 年 11 月初，港媒消息稱，從 9 月中旬至 10 月中旬，中共軍方五次召開高層會議，主題都聚焦於清除郭伯雄、徐才厚的「餘孽流毒」。在這五次高規格會議結束後不久，至少有五名現役或退役上將接受調查或被雙規。其中包括政治工作部副主任賈廷安、原總政副主任兼軍紀委書記張樹田、原國防大學校長王喜斌、原總政治部主任李繼耐和總後勤部部長廖錫龍。

報導稱，軍方對這五名被調查的上將下達四條禁令：不准離開北京住宅；不准搞串聯活動；未經批准，不得接待訪客或參加活動；不准對外披露目前被調查或審查的情況。

王喜斌與前軍委副主席徐才厚關係也很密切，徐曾為王的《從這裡走上戰場》一書作序，王喜斌獲取軍銜的時間正是在徐才厚的任內。

王喜斌出事傳聞獲證實，意味著賈廷安、張樹田、李繼耐、廖錫龍等人被查的消息並非空穴來風，或將一一應驗。

第三節

少將透露大批軍官面臨退役

中共第二波軍改計畫，預計有 2 萬 6000 名現役高、中級軍官面臨清洗、整治。（Getty Images）

　　2017 年「兩會」期間，中共軍事科學院國防政策研究中心主任陳舟少將接受官媒《中國青年報》採訪時表示，由於軍隊院校精簡合併等原因，這一輪軍改涉及軍隊規模結構和武力編裝整改，許多軍隊官員要調整分流和編餘安置，有大批官員要退出現役。

　　2017 年 2 月下旬，港媒就曾披露，本輪中共軍改的重點之一是裁減軍事院校。消息稱，總體以同類型院校合併降級為主，原則上所有跟軍種無關的指揮類院校併入國防大學，技術類院校併入國防科技大學。其中，國防大學確認被降為副戰區級別，將併入七所軍事院校，校長和政委也雙雙易人。

　　而早在 2016 年 12 月初，習當局即召開了第二輪軍隊改革布署會。同期，香港雜誌披露，第二波軍改將於 2017 年開始，計畫三年內完成，將有 2 萬 6000 名現役高、中級軍官，面臨清洗、整治。

海外中文媒體 2017 年 1 月的報導稱，2017 年中共中央軍委一號通報顯示，18 名現役上將和 29 名中將去職。上將名單中包括政工部副主任賈廷安、吳昌德，軍紀委書記杜金才、國防大學校長張仕波、國防大學政委劉亞洲、軍事科學院院長蔡英挺、軍事科學院政委許耀元、武警政委孫思敬等人。這些人除了部分是年齡到線退役，大部分可能與「徹底肅清郭伯雄、徐才厚流毒」有關。

時局分析人士陳破空在美國之音節目中表示，習當局加強消除江派大員徐才厚、郭伯雄和周永康在軍中或武警中遍插的親信和死黨，顯然期望在十九大召開之前，自己能完全掌控黨政軍大局、完全主導權力重組。

軍紀委副書記：軍中打虎力度不減

兩會期間，中共軍委紀檢委副書記楊成熙透露，習近平正在軍中主導反腐，「力度不減」。

2017 年 3 月 8 日，美國之音記者在當天的中共人大全體會議開會前，見到了楊成熙。當問到：「軍隊的反腐你們還有什麼新的行動嗎？」楊成熙說：「堅決按習主席的指示辦，力度不減。」

當問其下一步的目標是什麼時，楊成熙對記者笑了一笑說：「先進去（開會）了。」

報導說，楊成熙這簡短的一句話，似乎透露出這樣的意思：習近平正在主導軍隊反腐。

習近平於中共十八大上任後，在政界、軍界展開大規模的反腐「打虎」運動，共有 200 多名「老虎」落馬。

其中在軍隊中落馬的上將包括江澤民的兩名心腹中共前軍委副主席郭伯雄與徐才厚、空軍原政委田修思、武警部隊原司令員王建平、國防大學原校長王喜斌。

中共上將劉亞洲被提前免職

中共太子黨、國防大學政委劉亞洲未到退休年齡被提前免職，引外界關注。2017 年 3 月 4 日，中共人大舉行預備會議。張仕波向《星島日報》表示：「劉亞洲是自動退休。」對於多所院校是否將併入國防大學，張回應稱「方案在籌備中」。

此前有消息稱，習當局主導的軍改「第二波」的重點是裁減軍事院校。

2017 年 2 月中旬，中共國防大學校長和政委雙雙換人，前校長張仕波上將和前政委劉亞洲上將同時去職。副校長肖天亮接任校長，副政委吳杰明任政委。

劉亞洲還未滿 65 歲的退休年齡，被提前免職，被認為不同尋常。海外中文媒體報導，劉亞洲被免職的主要原因是貪腐。2016 年劉亞洲上交了 1.7 億元贓款，以為沒事了，後被成都前下屬舉報腐敗問題。

有消息人士分析，劉亞洲被免職更深層原因是政治問題。他曾發表言論，說政治工作無用，被習近平批「老糊塗」。據分析，劉亞洲政治立場和「習核心」不一致，成為被拿下目標。此外，劉亞洲是中共軍方曾推出的 90 多分鐘的宣傳片《較量無聲》的總策劃。該片中有詆毀法輪功的言論；該片還強調意識形態鬥爭和冷戰思維，認為美國有著「反華陰謀」，被認為是反美宣傳片。

第四節

十九大前軍委大清洗
海陸空換帥

中共軍方高層出現的密集變動突顯習近平急抓軍權、排除隱患，以確保十九大人事布局平穩順利。（Getty Images）

2017 年 9 月，十九大到來之際，習近平全面清洗中央軍委，其中聯合參謀長房峰輝以及政治工作部主任張陽雙雙落馬，兩人被傳正受調查。此外，習近平還將海陸空三軍司令全部換掉，引發外界關注。

外界稱，軍方高層出現的密集變動突顯習近平急抓軍權、排除隱患，以確保十九大人事布局平穩順利。也有評論說，軍方的人事大變動也說明中共依靠的「兩桿子」中的「槍桿子」已經基本上被習近平掌握，習近平下步要關注「筆桿子」了。

中央軍委大清洗 房峰輝張陽雙雙落馬

媒體傳出習近平對中央軍委進行大整頓，下令對中央軍委委

員，包括二名副主席、八名軍委委員進行重新任命，其中聯合參謀長房峰輝、政治工作部主任張陽已經雙雙落馬。兩人被傳正在受調查。

港媒稱，這是首次有現職中央軍委委員被調查，郭伯雄和徐才厚都是退休之後才受查的。報導說，軍委委員參與中共軍隊的最高決策，地位接近國家領導人。

中共官媒 8 月 26 日稱，房峰輝所擔任的中央軍委聯合參謀部參謀長一職由原中共陸軍司令員李作成接替。當天，李作成也突然以聯合參謀部參謀長的身分亮相塔吉克斯坦。

香港《星島日報》引述北京的消息說，中央軍委委員、中央軍委政治工作部主任張陽也被免職，由原海軍政委苗華出掌中央軍委政工部。

消息還說，房峰輝和張陽因為涉嫌嚴重違紀，雙雙接受軍紀委調查。此外，已經退休的原中央軍委政工部副主任杜恆岩，也正接受調查。消息透露，這三名重量級上將被查，是由習近平親自下令的，將「全面徹底肅清郭伯雄、徐才厚流毒」推向高潮。外界認為，此舉也是習近平為中共十九屆中央軍委調整鋪路。

消息還透露，房峰輝和張陽被查，在軍隊中震動很大，顯示習近平已經牢牢掌控軍隊，同時得心應手展開十九大軍委的人事布局。

中共官方 9 月 6 日公布了參加十九大的中共軍隊和武警部隊代表名單。備受輿論關注的房峰輝和張陽未出現在這份 303 人的名單中，似乎間接證實了這兩位軍中高官突然落馬的傳聞。美國之音記者 9 月 7 日致電中共國防部新聞局，詢問房張兩人是否正在接受調查。該部新聞局既未確認也未否認，稱要請示領導後再

作答覆。

在被公開的參加十九大的人員名單中，除了房峰輝和張陽不在名單之列外，軍中幾個太子黨全出局了，毛新宇和劉源等人都與十九大無緣。

軍委人事變遷 棄將躍升最耀眼

此次的軍中人事變動，李作成的躍升最引人注目，他被提拔至中共軍委聯合參謀部參謀長一職。此前有消息稱，李作成也是軍委副主席的候選人。

港媒稱，李作成曾在 1979 年參與越戰，受到強調「實戰第一」的軍委主席習近平的器重。此外，李作成還具備另外一個「亮點」，就是曾經搬掉江澤民語錄牌。

1998 年，李作成升任第 41 集團軍軍長，跨入正軍級，但四年後被平調為中共廣州軍區副參謀長，實際上是被貶至二線。當時有傳言指李搬掉了時任軍委主席的江澤民的語錄牌，結果被人告密，因此受到江澤民派系排擠。

2011 年 11 月，時任中共重慶市委書記的薄熙來在重慶大搞軍事演習。當時外界形容這次軍演就如一場軍事政變的預演，引起高層震驚。薄熙來軍演時拉攏諸多軍頭到場站台，成都軍區的高官幾乎傾巢而至，但時任成都軍區副司令員的李作成未參與此次活動。李作成此舉又為自己贏得了一個重要的政治籌碼。

北京時局觀察員華頗表示：「此次人事變動首先是為十九大做準備，新換上的李作成跟江系人馬格格不入，曾受到打壓，被習近平提到重要的崗位上來，也是意料之中。」

華頗認為，關鍵是習近平要更好地掌握槍桿子，保證十九大順利召開。有些位置非常重要就提前換上，有些人員也是要換的，但可以緩一緩，在十九大以後再換上去。

海陸空換帥 13 個集團軍主官全換崗

除了軍委大清洗外，習近平還對軍隊進行重大的人事調整。中共軍隊高層發生劇烈變動，其中最惹人注目的是陸海空三軍司令，習近平統統破格換人。

繼陸媒 2017 年 9 月 1 日上午披露韓衛國接任陸軍司令員後，空軍下午主動證實丁來杭已接任空軍司令員。而早在 1 月，另一大軍種海軍司令員已經換帥。1 月 20 日，沈金龍接替吳勝利出任海軍司令。至此，中共軍方陸海空三軍的司令員以及首腦地位的聯合參謀部參謀長更換完成。

時事評論員未普在自由亞洲電台上發文稱，韓衛國在被習近平晉升為上將後一個月，就被任命為陸軍總司令。而沈金龍和丁來杭直接由中將被提拔到海軍司令和空軍司令。為此，《蘋果日報》分析說，這些中將被任命，「坐上過往只有上將才坐的高位，顯示習近平對現有上將缺乏信任，急於提拔自己人。」

未普也認為，十九大前，習近平急於換上忠誠的將領，以確保掌控軍隊。

此外，中共軍方在 2017 年 4 月底公布中共軍改將陸軍 18 個集團軍整合為 13 個集團軍後，陸媒 8 月 16 日披露新組建的 13 個集團軍主官的全名單，並指原任集團軍主官全部被調整，「班子成員大面積交流任職。」

未普說，自從習近平上台以來，習家軍的說法就不絕於耳，到了十九大前夕，習家軍真的成形了。這次三軍司令破格易帥，一方面反映了習近平必須掌控軍隊的緊迫性，同時也有助於他進一步掌控軍隊乃至全域。

軍隊整頓的同時 習近平發出威懾

中共十九大臨近，當局推出多套電視專題片造勢。央視在 2017 年 8 月份還首播了一連六集的政論片《法治中國》，首集焦點落在郭伯雄及徐才厚落馬畫面上，宣揚肅清「郭徐餘毒」和「依法治國」的決心。

畫面配上旁白：「對於不遵守法律，甚至嚴重違反法律、破壞法律的害群之馬，無論其職務多高，都要依法嚴懲、毫不姑息。」

2017 年 8 月 25 日，官媒《解放軍報》頭版刊登了 1 萬 3000 字的軍隊反腐綜述，文中也同樣強調要肅清郭徐流毒。

以胡時代為警戒 習防止權力被江派架空

中共十八大前，胡錦濤的權力被江派架空：在中共政治局常委中，中共十六大上，除胡錦濤、溫家寶外，其他七名常委都是江澤民提拔的心腹；中共十七大，除胡錦濤、溫家寶、習近平、李克強外，其他五名常委也都是江派人馬。江派在政治局常委中占絕對優勢。而在軍委中，江澤民的心腹郭伯雄、徐才厚任軍委副主席長達十年。

即使在中共十八大上，仍有張德江、劉雲山、張高麗三名政治局常委是江澤民提拔的心腹。但現在外界廣傳的政治局常委名單中，江派人馬幾乎全部出局。

習近平在 2012 年的中共十八大上任後，在中共黨政軍中展開了史無前例的反腐「打虎」運動，拿下包括周永康、郭伯雄、徐才厚、令計劃、蘇榮等 200 多名江派「大老虎」，提拔了一大批福建、浙江等舊部，占據要津。通過對軍隊的打亂重組及對軍中高層人事的不斷調整、布局，習近平逐漸收回了軍權。中共十九大前，習又突然拿下政治局委員、被指是江派的權力繼承人孫政才，等於是「點到了江派的死穴」，廢了江派「未來的希望」。

英媒《金融時報》報導稱，儘管十九大舉行的日期宣布稍遲，但廣泛預計被稱為中共「核心領導人」的習近平將比他的前任「處於一個更有利的位置，將效忠者們安排在黨的各個最高層級」。

報導引述一位匿名中共官員的話說，從某種意義上來說，誰將被任命為中央常委無關緊要，他們全都會是習近平的人。

《華爾街日報》認為，自 2012 年掌權以來，習近平利用反腐「打虎」、重組軍隊，成為中共黨和軍隊的「核心」，彰顯實力。

第五節

十九大軍委減至七人

　　2017年10月25日，中共第十九屆中央委員會第一次全體會選出新一屆的中央軍事委員會主席、副主席、委員人選，習近平當選中央軍委主席，許其亮及張又俠當選中央軍委副主席，而魏鳳和、李作成、苗華、張升民當選中央軍委委員。

　　與上屆中央軍委委員總數達11人相比，本屆委員減少了4人，而且入選人物有些令人吃驚。

　　時年67歲的許其亮，山東臨朐人，現任中央政治局委員、中央軍委副主席、空軍上將軍銜。他歷任空軍第四軍副軍長、空軍第八軍軍長、空軍參謀長、解放軍副總參謀長、空軍司令員。

　　時年67歲的張又俠，陝西渭南人，上將軍銜。歷任陸軍團長、副師長、師長，曾任第13集團軍副軍長、第13集團軍軍長、北京軍區副司令員、瀋陽軍區司令員、中央軍委裝備發展部部長等職。張又俠是解放軍將領中為數不多經歷過戰爭的將領。

張又俠在 1979 年中越邊境戰爭中曾擔任連長，親自率連隊衝鋒突擊，之後直接升為團長，繼續與越軍作戰。其父親張宗遜是解放軍「開國」上將，曾跟隨毛澤東上井岡山，亦曾與習近平父親習仲勛一起在西北野戰軍中擔任領導。

時年 64 歲的李作成，湖南安化人，上將軍銜。歷任排長、連長、營長、團參謀長、團長、師參謀長、邊防某守備師師長、應急機動作戰師師長；陸軍第 41 集團軍軍長、廣州軍區副參謀長、成都軍區副司令、陸軍司令等職。

李作成曾參加 1979 年中越邊境戰爭，他所在連隊榮立集體一等功，並被中央軍委命名為「尖刀英雄連」；李作成被中央軍委授予「戰鬥英雄」稱號。他曾在負傷情況下，一手抓住敵人的槍管、另一手持衝鋒槍將敵人擊斃。

時年 63 歲的魏鳳和，山東茌平人，國防大學合同戰役指揮專業畢業，上將軍銜，由第二炮兵部隊戰士、班長、排長、旅長、基地司令，一路升至第二炮兵司令，2015 年 12 月出任火箭軍司令。

讓人吃驚的是，苗華和張升民進入了中央軍委。

苗華 1955 年 11 月生於福州，祖籍江蘇如皋，海軍上將。現任中央軍委政治工作部主任。1969 年參軍，1973 年中國人民解放軍國防科技大學管理工程專業畢業，本科學歷。曾長期在南京軍區陸軍第 31 集團軍從事政治工作。2010 年 12 月任蘭州軍區政治部主任，2012 年 7 月任蘭州軍區副政治委員兼紀委書記，2014年 6 月接替到齡退休的原政委李長才上將任蘭州軍區政治委員，2014 年 12 月任海軍政治委員，2017 年 8 月接替張陽任中央軍委政治工作部主任。

苗華 2001 年 7 月晉升少將，2012 年 7 月晉升中將，2015 年

7 月 31 日晉升海軍上將軍階。

　　張升民生於 1958 年 8 月，陝西武功人，算是習近平的老鄉。中國人民解放軍上將、中共第十九屆中央委員會委員、第十九屆中央紀律檢查委員會常務委員與副書記。現任中央軍委委員、中央紀委副書記、中央軍委紀委書記。

　　張升民 1978 年入伍，參軍後歷任戰士、幹事、蘭州軍區政治部政研室副主任、中國人民解放軍總政治部辦公廳政研室主任。2004 年 7 月任第二炮兵 96301 部隊政治部主任，2008 年 11 月任第二炮兵 96201 部隊政治委員，2009 年 6 月任第二炮兵 96351 部隊政治委員，2012 年 9 月任第二炮兵指揮學院政委，2013 年 12 月任某基地政委，2014 年 12 月任第二炮兵政治部主任。

　　張升民於 2016 年 1 月任新成立的中央軍委訓練管理部首任政治委員，2016 年 7 月任中央軍委後勤保障部政治委員，2017 年 1 月接替杜金才任中央軍委紀律檢查委員會書記，2017 年 10 月擔任中央紀委副書記和中央軍委委員。

　　張升民 2016 年晉升中將，2017 年 11 月 2 日晉升上將軍階。

　　張升民擔任軍紀委書記和中紀委書記的同時，進入中央軍委，這為日後查處張陽、房峰輝和范長龍以及更多軍老虎的落馬，打下了基礎。

范長龍上將也出事了

第四章

張陽自殺 政變未消

張陽因涉嫌捲入郭伯雄、徐才厚等案被調查，在被審查期間自殺身亡。官方罕見公開其死訊，成為中共40年中第一個證實自殺的「軍老虎」，並被中共軍方斥其「畏罪自殺」等，這種「鞭屍問罪」做法近年罕見，意在震懾「活老虎」。

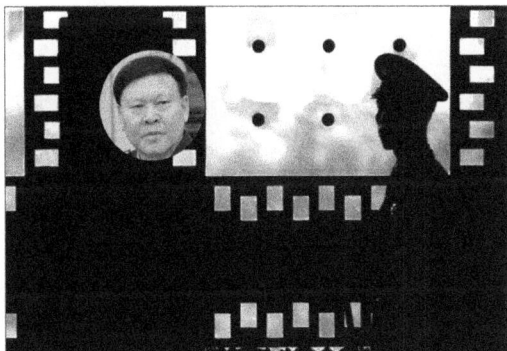

中共軍委政治工作部前主任張陽是官方首次公開證實自殺的「軍老虎」。（AFP）

第一節

張陽自殺 政變陰影未消

中共軍委前政治工作部主任張陽（左）在調查期間自縊死亡，他的搭檔、聯合參謀部參謀長房峰輝（右）也傳被調查。〔Getty Images〕

　　按照當局的說法，中共前政治工作部主任張陽已「畏罪自殺」。隨後，有多家媒體報導張陽曾參與未遂政變。據報，張陽與孫政才等暗中串聯，試圖在十九大前發動不流血政變，而被當局拿下。

　　巧合的是，十九大期間，習當局首度公開孫政才等六人涉「陰謀奪權」（即「政變罪」）。官媒批張陽是「典型的雙面人」、「畫皮」。雖然這名上將過去五年極力撇清自己與郭伯雄、徐才厚的關係，並傳出對習下跪求饒的消息，最終仍因涉郭、徐等案而被調查。

多個媒體指張陽參與政變

　　中共官方 2017 年 11 月 28 日通報，8 月 28 日張陽被中央軍

委約談，調查核實其涉郭伯雄、徐才厚等案問題的線索，指張陽「嚴重違紀違法，涉嫌行賄受賄、巨額財產來源不明犯罪」。在調查期間，張陽於 11 月 23 日「在家中自縊死亡」。

雖然官方沒有披露張陽的涉案細節，但接著有多家媒體報導指張陽曾參與一場未遂政變。

港媒東網 11 月 29 日的文章表示，徐才厚被調查之後，張陽雖然不斷大篇幅批判郭徐流毒，揚言與郭徐徹底劃清界限，但張陽一直隱瞞與徐才厚的真實關係，拒不交代徐才厚對其「交心內容」。

文章提到，據說張陽與孫政才等陰謀家暗中串聯，企圖藉中印邊境對峙的機會，在十九大前發動不流血政變。

另有港媒的報導指，前總參謀長房峰輝、張陽在軍改中被削權而對習近平心懷不滿，因此，曾密謀策劃軍事政變。

因為習的軍改強調軍政權和軍令權分開，這樣房、張的權力就被削弱，總參謀長變成了軍委祕書長，只替習處理日常事務；而張的總政治部只剩下提供信息的權力，令兩人覺得自己成為「高級傳令兵」。

據稱，房峰輝和張陽二人暗中抵制習近平「肅清郭伯雄、徐才厚遺毒」，多方保護他們的老戰友、老同學和老鄉，早已引起習當局不滿。習本打算在十九大軍委換屆時讓他們提前退休，更令兩人心有不甘。

文章稱，房峰輝和張陽於是密謀在十九大前發動軍事政變，沒想到機密洩露，習近平下手抓捕了兩人。

《新紀元》周刊曾獨家披露，房峰輝被查，一個主要原因是他和張陽等軍中鷹派人物，想與印度、越南等周邊國家打一仗，

所謂「彰顯國威」，以便自己能再往上爬。但習近平很清楚軍隊的實力，根本無力打勝仗，因此拒絕了他們。

2017 年 8 月 30 日，印媒的一篇報導也指，中印撤軍協議是在習近平更換了時任聯參部參謀長房峰輝之後達成的。

2017 年十九大前，中印邊境對峙近三個月，期間曾多次讓人擔心雙方會擦槍走火。最終雙方在 8 月 28 日達成協議從洞朗撤軍，軍事對峙才告一段落。

還有海外中文媒體報導說，房峰輝、張陽被調查後，軍中很快就下令清理涉及兩人的文件，說明他們問題定性嚴重。報導稱，房、張因參與策劃政變而出事。

房峰輝、張陽都是軍中要員，然而他們捲入的政變卻並非典型的「軍事政變」。知情者透露，房、張等計畫用 1976 年抓捕「四人幫」的手段控制習近平等，而這個計畫被提早察覺。知情者表示，如果是純粹軍事政變，可能結果完全不同。

習當局 7 月三大異動 或彈壓一場政變

早在 2017 年 8 月，中國民主活動人士王軍濤刊文透露，習近平 7 月的三大異動，或彈壓了一場預謀中的政變。

2017 年 7 月，中共政壇出現三大異動：7 月 24 日，江派政治局委員孫政才被宣布調查；26 日、27 日，中共省部級高官專題研討班在京舉行；30 日，僅習近平一名政治局常委檢閱了在內蒙古朱日和訓練基地舉行的大閱兵。

文章說，孫政才被抓後，習近平立即召集一次高層會議，會上禁止參加者作任何記錄。會後，北京高層又通過各種管道透出

此次會議的一些信息，會議傳達孫政才的問題，重申嚴明政治紀律，十九大前最大政治就是警惕和防止野心家挑戰習核心。這不僅佐證孫政才的問題是一次挑戰習核心的突發事件，而且是習近平嚴厲宣布政治禁令。

文章表示，習近平在 7 月 3 日至 8 日曾外訪俄羅斯和德國，那些想在十九大前或十九大上挑戰習近平的力量開始行動，圖謀政變。孫政才在其中是重要角色。後來的高層會議和軍隊精銳集中，都是為了彈壓政變。

11 月，在 2000 多人的中共十九大代表會議上，中紀委報告點名批江派周永康、薄熙來、郭伯雄、徐才厚、孫政才、令計劃等涉「陰謀奪權」，是「野心家、陰謀家」。

張陽自殺細節 疑點重重

張陽是中共文革後第一個被官方公布為自殺身亡的現役上將，也是中共十八大之後首名被官方證實自殺的軍隊上將。中共軍報發表署名評論，形容張陽是「畏罪自殺」，評論他「以自殺逃避懲處，行徑極其惡劣」。

然而，張陽之死顯得蹊蹺和怪異，疑點重重。

有海外中文媒體引述消息人士指，張陽被調查，一直監視居住在家，並未「雙規」（規定的時間、地點交代問題）。2017年 11 月 23 日，軍紀委人員造訪張陽居住處，張陽告訴來者「去換衣服」，結果上吊自殺。消息還透露，張陽的一名前警衛人員「混」了進去，之後，張陽「上吊」死亡。

時政評論員夏小強表示，張陽或在嚴密看守的情況下，被殺

掉滅口。張陽死後，從軍方官媒的評論嚴厲的措辭和口氣，顯示出張陽之死不是當局希望看到的。那麼，「畏罪自殺」也好，「殺人滅口」也好，很大可能是張陽的後台和背後勢力的操作。

夏小強認為，房峰輝和張陽是徐才厚與郭伯雄一手提拔的親信。在徐、郭已經不能直接再下指令的情況下，能夠實施和操作這些行動的，就是徐、郭身後的老闆——江澤民和曾慶紅為核心的政變集團。

資深時事評論員林保華說，新華社一百多字簡短報導張陽的自殺，如江青自殺之類。對這種新聞當局都要縮小其影響面，不會有後續動作出來，避免醜聞擴大影響。然而張陽卻不同，接下來是文革式的大批判行動接踵而來。

林保華說，這樣擴大化的批判只能說明兩個問題：

第一，此事負面影響太大，軍心動搖，所以不但軍內批判，還要藉軍外力量來加持習近平。大有文革期間各地都要站隊表態「誓死捍衛毛主席」的架勢。這是說明習近平的「核心」地位還沒有鞏固？還是為下一步再次的大規模清洗製造輿論？如果是後者，下一步的「首惡」又是誰？

第二，張陽可能根本不是自殺，而是他殺，也就是被滅口。製造批判輿論只是聲東擊西，以批判為名確立張陽是自殺的牢固觀念。之所以有這個疑點是因為像張陽這樣高級別軍隊幹部被查，而且還在烽火上，應該是「雙規」而失去自由，怎麼可能安坐家中？可是如果在監獄或看守所中，又怎麼可能自縊？因此用家中自縊來掩飾更詭譎的他殺。

互聯網流傳「軍隊內部人士」爆料稱，早在張陽接受調查期間，他的第二任妻子已先他一步自殺身亡。

這名自稱「軍隊內部人士」稱，張陽有兩段婚姻，首任妻子是劉英，兩人 1983 年育有一女，但在 1980 年代末期離婚。之後，張陽調往原廣州軍區任職，與高幹家庭出身的第二任妻子相識，在仕途升遷中受益。但爆料沒有提及張妻死因。

張陽本人是巨貪

中共官方通報指，張陽「涉嫌行賄受賄、巨額財產來源不明犯罪」。

張陽因涉買官賣官，他在原廣州軍區任職前間，有綽號「麻袋政委」、「張麻袋」的臭名。

中共前軍隊大校辛子陵曾對美媒表示，張陽涉經濟問題，其貪腐程度比徐才厚有過之而無不及。廣州軍區有人披露，張陽的貪腐問題很嚴重，想跟他買官，得裝一麻袋錢才能見面。

有報導說，張陽在廣州軍區任職時，與多名商人關係密切，私下收受財物，其別墅裝修花費 300 多萬元人民幣，全部是由他人支付。

港媒披露，郭伯雄曾坦承張陽送其 2500 萬元人民幣；張在友人處藏匿 1700 萬元人民幣；張在深圳、東莞、北京多地嫖娼，數十萬元費用由友人支付。

張陽仕途中與徐才厚的交集

張陽時年 66 歲，河北人，1968 年 1 月開始從軍，從普通士兵一路爬到中央軍委委員。張陽發跡於廣州軍區，在郭伯雄、徐

才厚掌軍時期，不到 10 年就由少將晉升為上將，並從副軍級火箭般地升到正大軍區級。

據報，張陽之所以如此快速晉升，主要得於徐才厚的「關照」。張陽被視為徐才厚的嫡系。

有坊間傳聞說，張陽在 1989 年擔任中共軍方第 63 集團軍所屬團政委時，參加了 1989 年的「六四」戒嚴行動。在戒嚴行動完成後，張陽隨即被調入國防大學戒嚴班學習一年，畢業後作為「種子」在全軍分配提升使用。

2000 年張陽任陸軍第 42 集團軍政治部主任，兩年後升任該集團軍政治委員。2004 年張陽升任廣州軍區政治部主任，與時任廣州軍區參謀長的房峰輝搭檔近三年。2007 年房峰輝調任北京軍區司令員，張陽則任廣州軍區政治委員。

當年房峰輝、張陽能在廣州軍區升官還有一個小故事。據說當時的廣州軍區司令是曾做過首任駐港部隊司令的劉鎮武，其與時任軍區政委的楊德清矛盾尖銳，甚至相互告狀，最後被雙雙調職。因此，房、張二人 2007 年雙雙升官，房升任北京軍區司令，張則升任廣州軍區政委。

2010 年 7 月，張陽、房峰輝等 11 人晉升為上將軍銜。2012 年 10 月，中共軍方原四總部同步換將，張陽任總政治部主任，隨後當選中央軍委委員。此番人事調整，張、房二人分掌總政、總參，重新成為「搭檔」。

陸媒特別提到張陽與徐才厚的關係，2012 年 10 月 20 日晚，張陽陪時任中共軍委副主席的徐才厚觀看話劇演出。四天後，張就升為總政治部主任。

原廣州軍區政治部的人士透露，徐才厚有一年到廣州過中國

新年，住在白天鵝賓館，時任廣州軍區政治部主任的張陽託關係在徐的房間隔壁租了一間房，以便與徐接近，其間兩家人還一起看煙花表演。

港媒東網 11 月 29 日的文章說，徐才厚對張異常信任，還將自己的寶貝女兒託付給張陽。張在擔任廣州軍區政治部主任、廣州軍區政委期間，將徐的女兒安排在廣州軍區聯絡部，任其自為。

報導披露，當徐才厚預料自己即將出事，瘋狂利用港澳平台對外洗錢時，是張陽在幕後張羅；當徐才厚的親屬因洗錢被香港警方拘捕之後，也是張陽安排人幫其取保候審，同時利用祕密管道幫助徐的親屬潛逃回內地。

在徐才厚落馬後，曾有多方報導指，90 後大陸女子趙丹娜替徐才厚家族在香港洗錢百億。2013 年 6 月趙丹娜被關押，但在獲兩名擔保人保釋後潛逃大陸。據說，習近平也「驚聞詳情」。

正是張陽對徐才厚一家鞍前馬後、無微不至的「關照」，才換得徐不顧一切、力排眾議的提拔。中共十八大期間，徐才厚與郭伯雄達成默契，安排張陽任總政治部主任，郭伯雄的親信房峰輝任總參謀長，然後讓他倆在中共十九大上出任中共軍委副主席。

香港《明報》文章說，自從徐、郭落馬後，房、張兩人的前景已趨黯淡。網上流傳的消息指，當徐才厚被查後，張陽為檢討自己過往的關係，竟向習近平下跪求饒；而房峰輝則在郭伯雄被查消息初起之時，曾在私下表示，「誰要敢動老首長（郭伯雄），我一槍斃了他」，態度甚為囂張。

文章表示，雖然後來房、張在軍中清除郭徐遺毒的運動中都高調表態，但無論是態度倨傲的「房一槍」還是狀甚可憐的「張

下跪」都難逃清算命運。

軍內負責迫害法輪功的兩大頭目先後死亡

被指是江澤民嫡系的徐才厚在審查起訴期間，於 2015 年 3 月 15 日死於膀胱癌。而徐才厚的嫡系張陽也沒逃脫死亡的命運。他們還有一個外界不太知道的罪行——涉中共軍隊迫害法輪功罪行。

徐才厚於 1999 年到 2004 年分別任中共總政治部副主任、主任；2004 年 9 月江澤民將要退出軍委主席時，提拔徐才厚為中共軍委副主席。徐與另一軍委副主席郭伯雄成為江澤民在軍中架空胡錦濤的代表。

作為政工系的軍委副主席，徐才厚分管的是總政治部、總後勤部。其中，總政負責對法輪功的迫害，總後勤部參與活摘法輪功學員器官等罪行。

在活摘器官問題上，參與的醫院以軍方或者與軍方有聯繫的器官移植醫院為主。中共軍隊有四總部七大軍區，而各總部、大軍區、各軍兵種配有相應規模的醫院，而「器官移植」是軍隊醫院發展最活躍的領域之一。

根據目前已經披露的統計數字，在高峰期，有 23 個省市自治區，全國 600 多家醫院、1700 名醫生涉及參與活摘法輪功學員器官。

海外「追查迫害法輪功國際組織」（簡稱「追查國際」）發布的《關於中共軍隊、武警醫院參與活摘法輪功學員器官的調查報告》中指出，廣州軍區多個軍醫院被列入追查國際追查名單，

如廣州軍區廣州總醫院、廣州軍區武漢總醫院等。

張陽一直在軍隊任政工幹部，曾是廣州軍區政工幹部，這條線屬徐才厚分管。中共軍報文章點出張陽軍職生涯主要「功績」所在地以及房峰輝與張陽共事重要階段，都是在廣州軍區時期。

廣州軍區在江掌權時期大幅受惠的背後

江任軍委主席籠絡軍心手段之一是大量晉升將軍，廣州軍區是受惠最大的軍區之一。如 2002 年 7 月江澤民批准晉升廣州軍區 11 名將軍，2003 年 7 月江澤民再度在廣州軍區晉升 10 名少將。

張陽自殺後，時政評論員陳思敏表示，江澤民對廣州軍區偏愛的原因，顯然跟醫療服務有關。據報江澤民退休後享受醫療方面隨時待命提供的特供服務，主要有三家醫院：北京軍區總醫院、上海華東醫院以及廣州軍區總醫院。

在 2012 年 2 月王立軍事件後，大陸媒體曝光「湖南郴州器官旅遊移植鏈」案，文末「大膽」指出，位於該利益鏈條最頂端的是廣州軍區醫院。

在 2014 年 8 月周永康案被公布後，一起軍隊醫院參與的圈養活人賣腎案被深度曝光，進行移植手術的地點是廣州軍區總醫院，幕後組織者是廣州軍區總醫院腎臟移植科副主任朱雲松。

朱雲松在 2006 年與追查國際調查員的通話錄音中，沒有否認活摘法輪功學員器官，開始稱不多，隨後就說在「五一」前有好幾批，並允諾能取得法輪功這樣的腎源，會電話通知進行移植手術。

據朱雲松的說法，包含廣州軍區總醫院在內的軍系醫院，從

2001 年起大量做移植手術。而房峰輝、張陽 2004 年至 2007 年在廣州軍區搭檔期間，正值江澤民迫害法輪功，同時也是大陸器官移植手術量井噴高峰期。

追查國際的多個證據顯示，江澤民直接下令用法輪功學員器官做移植，由周永康、薄熙來等直接指揮和執行此惡行。

李繼耐的隱密頭銜

張陽自殺的消息出來後，中共官媒的報導中，還特意點明徐才厚、李繼耐、張陽是連續三任中共總政治部主任。

值得注意的是，李繼耐有一個隱密的頭銜：全軍主管迫害法輪功的「610 辦公室」主任。李繼耐也因此被追查國際列入涉嫌迫害法輪功學員的追查名單。

第二節

軍隊鮮為人知的罪惡

中共建軍節前夕,明慧網刊登了北京地區軍人法輪功學員遭迫害部分案例,從中可以看出,中共軍隊中發生了很多令人震驚的罪惡。(Getty Images)

作為政治部主任,張陽和其前任都是軍隊迫害法輪功的主要參與者。2017 年八一中共建軍節前夕,明慧網刊登了北京地區軍人法輪功學員遭迫害部分案例,從中可以看出,中共軍隊中發生許多令人震驚的罪惡。

在中國,軍隊是個特殊的群體,有許多富有才華的精英人士和風華正茂的年輕人。

但軍隊也是中共奪權掌權的工具,被嚴密控制的領域。因此,江澤民集團殘酷迫害法輪功開始,軍中法輪功學員就遭到了更為嚴重的迫害。這些軍人法輪功學員中有高級幹部、高級軍官、高級警官,教授、博士、碩士等。這些人因信仰被開除軍籍、學籍、強制轉業、非法勞教、判刑及酷刑折磨。

據明慧網報導,其迫害手段主要體現在:迫害元凶江澤民或相關頭目直接下令;迫害系統組織機構嚴密;超越法律執法

犯法;制定下發內部文件;參與迫害者積極盲目跟蹤;迫害實施早;對身體和精神摧殘手段極其殘酷;不惜投入巨大人力、財力、物力;株連嚴重;迫害向地方延伸,聯合地方實施迫害;信息嚴密封鎖等。

北京是江澤民集團發動、指揮迫害法輪功的源頭和中心,因此迫害格外殘酷。因軍隊系統封閉的特殊性,迫害信息被嚴密封鎖,傳入社會的信息也很少。

軍人法輪功學員遭迫害部分案例

本文將明慧網公開發表涉及北京地區軍隊等軍人的部分案例整理如後,儘管一些信息不完整,甚至極其簡單,但希望引外界關注,中共迫害給軍人、家庭及民族帶來的災難。

■空軍指揮學院教授 枉判重刑 17 年

于長新,男,原空軍指揮學院教授,正師職,副軍級,曾主編空軍指揮學院教科書,原法輪大法研究會成員。

1999 年「4‧25」以後,于長新即失去自由。7 月 1 日,總政和空軍組成 20 多人專案組,對于長新進行隔離「審查」,採取誘騙、威逼、折磨等手段,長時間不准老人睡覺,給老人精神和身體造成很大傷害;期間非法抄家二次。

于長新,原空軍指揮學院教授,正師職,副軍級,曾主編空軍指揮學院教科書。(大紀元)

原本空軍相關人員根據于教授的一貫表現,「審查」也沒有任何違法犯罪的證

據,認為沒有根據和理由給他什麼處分。然而江澤民對法輪功迫害打壓,以權代法,先下令逮捕,又指令非重判 21 年。

北京軍事法院於 2000 年 1 月 6 日,祕密冤判于長新 17 年重刑,致當時已經 70 多歲的這位空軍功臣含冤關進軍隊監獄。于長新對判決不服曾提出上訴。當時軍隊高層對于長新被判重刑反響強烈,一些高級將領為于教授鳴不平。

于長新教授的夫人姜昌鳳,畢業於北京農業大學,退休幹部,也被趕出空軍指揮學院宿舍區的家;因堅信法輪功,2001 年被非法重判 10 年,當時年近古稀。

在女監被迫害,姜昌鳳一度滿臉長滿膿包,眼睛腫脹睜不開,嚴重便祕,腰部嚴重彎曲成 90 度,手不停地抖動,生活自理困難。2011 年 11 月,這位八旬老人,被人目睹單獨關押在北京女子勞教所一個牢房,身體很虛弱。

■武警部隊高素質人才 軍籍軍銜全無

李洪山,男,原武警部隊黑龍江綏濱邊防大隊警官。李洪山上大學開始修煉法輪大法,入伍武警部隊後按照修煉人的標準嚴格要求自己,曾立功並被列為年輕的後備幹部。「7‧20」後,部隊不斷施壓逼迫他放棄信仰,李洪山被迫流離失所。

2003 年李洪山在天安門被警察抓捕並誣判五年,非法羈押在佳木斯蓮江口監獄。迫害導致他失去了警官待遇和軍人前途,妻離子散。釋放後當地派出所百般刁難不給落戶。李洪山無奈孤身來北京打工,是

李洪山,原武警部隊黑龍江綏濱邊防大隊警官,曾立功並被列為年輕的後備幹部。(明慧網)

「放到哪裡都是個高素質讓人放心的好人」。

2014 年 8 月 25 日，李洪山下班後向民眾講法輪功真相，被北京大興區北臧村派出所警察綁架，在看守所遭獄方野蠻灌食。2015 年 6 月 11 日李洪山被大興法院非法判刑三年，後劫持至黑龍江呼蘭監獄關押。

■空軍指揮學院博士生導師 遭惡首點名冤判

劉錫珍，女，空軍指揮學院英語教授，博士生導師，上校軍銜。2000 年「十一」期間遭警方非法抓捕，隨後被北京軍事法院非法判刑五年。內部消息稱，劉錫珍和另外一名法輪功學員李超然是江澤民親自點名判刑。

因軍隊無女子監獄，2001 年，劉錫珍被關押到「北京未成年犯管教所」囚禁，當年 56 歲，之後被開除軍籍、黨籍，後來轉移到劉錫珍原籍山東濟南關押迫害。

■江澤民以百萬元迫害的軍中研究員

李志剛，男，國防科技大學計算機學院（院址在湖南長沙）博士，軍人。1998年，李志剛從友人處得到了《轉法輪》一書，看完後，他被書中所講的「真、善、忍」法理深深震撼，激動地對家人說：「我不知道世界上還有這麼好的書！」

李志剛曾是個一天抽兩包煙、一頓可喝八兩白酒的人。修煉法輪功以後，這些不良嗜好都遠離了他，朋友們看到他的變化，都嘖嘖稱奇。

中國計算機研究領域的尖端人才、原國防科技大學電腦學院電腦研究所助理研究員李志剛。（明慧網）

有了法輪大法的指導，他在生活與工

作中，對自己有了更加嚴格的要求。一次，李志剛的二妹收到一張百元假鈔，被他撕毀。他說，寧可自己吃虧，也不能讓這張假鈔流傳出去再害其他人，又自己拿出一百元給二妹。在國防科大計算機研究所工作期間，他總是早來晚走，兢兢業業地幹活，是領導、同事心目中公認的德才兼備的好人。

李志剛曾參與銀河 -II 十億次巨型機的研究，並在國內外會議期刊上發表多篇論文。作為國內計算機研究領域的尖端人才，他本可以用自己所學為社會、為國家做更多的貢獻，卻在中共打壓的運動中，遭受非人的摧殘折磨。

2003 年元月，李志剛被移送北京軍事檢察院。在北京軍隊監獄看守所八個多月，李志剛每天被強迫一個固定姿勢坐 16 個小時，經常遭拳打腳踢，夏天不讓洗澡。

2003 年 8 月，江澤民竄到國防科大，聽到學院關於李志剛的情況報告，立即表示賞金 100 萬元，限期「拿下」（強迫放棄修煉）李志剛。隨之北京軍事檢察院開始對李志剛晝夜拷問，血腥折磨，強迫看誣衊法輪功的材料，不看就一頓暴打，他被打得腦子發木，聽覺受損，身體許多部位受傷；他一米八六的身高關進特製的鐵籠子裡，站不起蹲不下，被折磨得骨瘦如柴。

2003 年 9 月，李志剛被北京軍事法院非法判刑五年，關押在湖南省郴州軍事監獄。

李志剛曾被關進不足兩平方米的露天小號，下雨下雪沒遮擋，冬天被剝去棉衣挨凍，大小便都在裡邊，夏天天熱味熏，蠅蚊叮咬，人在裡面站不穩，不能坐，更談不上睡覺，還要從事重體力勞動，卻不給吃飽。

2004 年 5 月李志剛又被轉到湖南津市監獄。

■不放棄修煉 夫妻同被判重刑

杜斌，男，北京某部隊軍人，被判刑五年，關在軍隊監獄迫害。妻子梅雪紅，大學文化，昌平區法輪功學員，曾被關押在北京法制培訓中心強制洗腦，2001 年被判重刑八年，2012 年又被判刑四年，長期關押在北京女子監獄，身心遭受嚴重傷害。

■婦產科主任醫師 遭惡首點名冤判

李超然，女，解放軍陸軍總醫院婦產科主任醫師，正師級文職軍官，離休。

1992 年開始修煉的李超然，曾擔任解放軍後勤指揮學院煉功點輔導員，2000 年 10 月被警方從家中非法抓走，2001 年 2 月底被北京軍事法院非法判刑四年。李超然當年已經 60 多歲，內部消息稱，是江澤民親自點名判刑的。

李超然被非法判刑先後關進「北京市未成年犯管教所」九監區，被強制勞動摘羊絨，每天肺裡吸進粉末灰塵，連眉毛頭髮裡都是，導致憋悶、鼻子嗓子裡乾癢；在北京女子監獄九區，被強制每天長時間坐在小凳子上，保持坐姿看造謠抹黑法輪功的「新聞聯播」，反覆寫思想匯報，強制包筷子等奴工勞動。

■某部隊醫院放射科醫師冤獄四年

張靚穎，女，北京某部隊醫院放射科醫師。2009 年被非法判刑四年，當年 40 多歲，關進北京女子監獄遭受嚴重迫害。在一分監區，監區長李曉娜指使多名犯人虐待她，整日污言穢語的咒罵、侮辱，一連十幾天不讓睡覺，不許洗漱、限制上廁所，連踢帶打，不讓她吃飽飯等。

■海政歌舞團的舞蹈演員遭判刑四年

鄭豔萍，女，海政歌舞團的舞蹈演員，因演出中摔傷，造成

脊椎嚴重傷殘，修煉法輪功後得以康復。2001 年被判刑四年，被關進北京女子監獄。

■總參三部軍人多次被判刑勞教

楊建民，男，解放軍總參三部軍人，約於 2003 年上半年被警方綁架抄家，非法勞教，關進團河勞教所三大隊迫害，後又判刑兩年。

■海軍總醫院女軍官 被強灌藥物

李秋俠，女，解放軍海軍總醫院主管藥劑師、副師級文職軍官。1999 年 8 月，李秋俠被看管在北京南郊的一所部隊農場，被迫參加思想轉化學習班。

2000 年 6 月 4 日，神智清醒懂醫懂藥的李秋俠從部隊農場被強行送至解放軍第 261 醫院精神病三科，每天強制她服用大劑量的鎮靜、安定、抗抑鬱藥（共 13 片），李秋俠不配合，就把她綁在柱子上，把藥研碎用鼻飼管灌下去；把她綁在椅子上，在太陽穴扎針通電，實施電針摧殘。

李秋俠到 261 醫院後，每天早晨主動把病房、衛生間、走廊、活動室打掃乾淨，洗碗、倒垃圾，向患者講大法弟子的修煉故事，受到護士和病人的讚揚。兩個月後，迫於國際和國內法輪功學員向醫院講真相的壓力，醫院放李秋俠出院。2009 年 9 月，李秋俠再次被勞教兩年。

■張萬年指令迫害的原武警總隊警官

盧伯華，男，原武警部隊寧夏總隊警官、指導。1999 年 4 月開始修煉法輪功後，他按「真、善、忍」標準規範自己的言行，工作上兢兢業業，對待戰士親如兄弟，多次婉拒戰士家長來部隊送的錢物，多次得到部隊領導表揚，受到戰士及戰士家長的稱讚。

江氏集團迫害法輪功後，他經歷了一番痛苦抉擇，決定到北京上訪，以一名軍人的身分告訴國家法輪功是被冤枉。

2000年10月7日，他到天安門廣場打開「法輪大法」的橫幅，當即被帶上警車，北京公安通知武警總部保衛部，連夜將盧伯華劫持到北京武警總部政治部看守所審訊，期間，每天手掌被電棍電擊。幾天後被劫持回銀川關押，部隊領導找他談話，讓他在法輪功和共產黨之間選擇，盧伯華毅然選擇法輪功。時任軍委副主席張萬年親筆指令要「嚴肅處理」，後被判勞教三年，勞教期滿後強迫復員。

■醫學研究所職工和平上訪 被強制勞教

李慧敏，女，解放軍總裝備部航太工程醫學研究所（507所）職工。以前患嚴重的風濕性心臟病，靠藥物治療維持，常年不能正常上班，醫生告訴家人她只能活兩年左右。1997年修煉法輪大法後，李惠敏恢復健康，見證大法的神奇。

迫害發生後李慧敏被單位非法拘押近一年。2003年3月中共「兩會」期間，所在部隊一新上任官員親自下令，將正在醫院照顧病危老父親的李慧敏強行抓走，關押在單位內部，派新兵小戰士日夜看管，強迫罰站，限制睡覺。李慧敏被站得腿不會打彎，不會行走，不能上床。被關押的第十天，李慧敏的老父親病急交加離世，軍隊領導也不讓李慧敏看最後一眼！

2003年9月李慧敏被劫持到北京大興女子勞教所非法勞教兩年。

■空軍軍官被勞教 領導及兒女被株連

張惠英，女，空軍指揮學院退休幹部。1992年6月她有幸參加了法輪功師父在北京開辦的法輪功學習班。她說：「講課內容

極其豐富，極深奧又科學，特別是如何按照『真、善、忍』做一個好人深深地打動了我。」修煉後，張惠英的肩周炎、多年的便祕、神經衰弱消失，身心感受到從未有過的輕鬆愉快。

作為一個科技工作者，曾經是無神論者的張惠英說：「在我身上發生的奇蹟，用我所學的知識無法解釋，我感受到了一種神祕的力量，從而我的世界觀發生了徹底的轉變……」

修煉法輪功後，張惠英七年沒請過一天病假，淡泊名利，拒收錢財禮品，遇到矛盾先找自己，沒有憂愁煩惱，和同事關係融洽，年年受嘉獎或領導的表揚。

1999 年 7 月，面對日趨嚴重的迫害形勢，張惠英意識到這將給國家、民族帶來災難。她決定向人民代表大會反映情況，於 2000 年「兩會」期間上訪被抓。經過單位近一年關押洗腦後，又被非法勞教兩年，關進北京女子勞教所。

在調遣處和勞教所，張惠英作為一名頗有身分近 60 歲的空軍退休軍官，被迫遭受勞教所警察及吸毒犯、盜竊犯、賣淫女的看管欺負，承受強制轉化、毒打、辱罵、體罰、奴工勞動等折磨。勞教回家後，張惠英得知已被降職降級，兒女被趕出家門，家庭破碎，單位相關領導也株連受處分。

■空軍指揮學院幹部 被非法勞教兩年

張健，男，與妻子張惠英同為空軍指揮學院退休幹部，被單位強行辦「轉化班」洗腦迫害，在洗腦班張健始終不寫檢查，中央軍委下令批張健勞教兩年，於 2000 年 6 月將張健關入空軍拘留所囚禁。

■少校警官穿警服 天安門廣場煉功

于鳳來，男，武警部隊山東省總隊濟寧市支隊的少校警官。

本來患有胸膜炎、氣胸、膽囊炎等多種疾病。1997年開始修煉法輪功後，身體康復，以飽滿的精神投入工作，並給國家節省了不少醫療費。

于鳳來看到報紙、電視台等媒體對法輪功鋪天蓋地的造謠、誣衊，以及因此給社會造成的惡劣影響，深感憤慨痛心！他冒著失去工作、人身自由的可能，進京上訪，為法輪功說公道話。到北京後他才發現，政府的任何部門，已經沒有法輪功學員申訴說理的地方。

被逼迫無奈的情況下，于鳳來身穿少校警服警銜，毅然站在天安門廣場的中央煉功，以這種形式向人們表明：法輪功創始人是清白的，真正修煉法輪功的學員是清白的，法輪功於國於民百利而無一害，所以在工、農、商、學、兵、政、黨等所有領域，才有那麼多人煉法輪功，江澤民集團對法輪功的鎮壓是絕對邪惡的！

此後，于鳳來被撤銷幹部職務和少校警銜降，並非法勞教兩年，在勞教所，于鳳來禁受了由武警支隊到武警總部至解放軍總政治部各級包括所謂「專家」組成的「轉化工作組」的「轉化」，並遭受飢餓、限制睡覺、暴打、超強軍事訓練、注射不明藥物等精神折磨和肉體摧殘，精神幾乎崩潰，幾次生命垂危！

2015年9月16日，于鳳來向中共最高檢察院和最高法院寄出對迫害法輪功元凶江澤民的刑事控告狀，18日收到兩高簽收的簡訊通知。

他在控告狀中說：「在長達兩年的迫害折磨中，我知道了什麼叫生不如死，也知道了什麼叫求生不得、求死不能，更知道了從一個意識清楚、理智健全的正常人被迫害折磨得成為一個精神

失常的人所遭受的難以忍受卻又不得不忍受的難以想像的痛苦的
過程。我沒有想到我還能活著離開那個極其殘酷、恐怖、沒有人
性的讓人不寒而慄的邪惡環境，但我還是活著過來了。」

范長龍上將也出事了

第五章

房峰輝落馬內幕

2018年1月9日中央軍委房峰輝被移送軍檢審理。房與郭伯雄、徐才厚結成軍隊內部山頭，對抗習軍改，一再延誤解決朝核危機進程，並與江派勾結藉印度鬧事搞政變。習收回軍權後仍強調肅清郭徐流毒，房落馬預示郭徐遺毒再清算。

據悉，習近平親自下令調查房峰輝和張陽，張陽已畏罪自殺，而房峰輝被調查除政變外，還涉受賄、行賄、無能三宗罪。（新紀元合成圖）

第一節

房峰輝落馬內幕

2018 年 1 月 9 日房峰輝被官方公布直接移送軍事檢察院審理，而沒有經過調查、雙規這些常規過程，顯示其「消失」期間已被軍紀委調查了。
（Getty Images）

2018 年 1 月 9 日傍晚，中共新聞社公布了現任國家中央軍委委員、中共中央軍事委員會原委員、中央軍委聯合參謀部原參謀長房峰輝，「因涉嫌行賄、受賄犯罪，被移送軍事檢察機關依法處理」的通報。

消失 141 天 習親自下令拿下

這消息不算突然，近半年前的 2017 年 8 月底，《新紀元》周刊就報導了房峰輝和政治工作部主任張陽被免職、同時被軍紀委調查的內部消息。此後他們一直未公開露面，並缺席軍方高層的多次集體活動。他們也未被列入中共軍方十九大代表名單。2017 年 11 月 28 日，官方公布，張陽已於 11 月 23 日在家畏罪自殺。

不過這次官方直接就把房峰輝送到軍事檢察院審理，而沒有

經過調查、雙規這些常規過程，這也印證了此前他們就被軍紀委調查了。

房峰輝的最後一次公開露面，是 2017 年 8 月 21 日下午，當時他在八一大樓會見泰國武裝部隊最高司令素拉蓬。五天後，這個參謀長的職務換成了李作成。官方稱，李作成在塔吉克斯坦首都杜尚別，會見了參加第二屆「阿中巴塔」四國軍隊反恐合作協調機制高級領導人會議。8 月 28 日，中印官方幾乎同時發布消息稱，持續 70 餘日的中印洞朗對峙結束。

從他最後一次露面到這次落馬，房峰輝消失了 141 天。

這位曾經擔任過中共建政 60 周年閱兵總指揮，並且曾經是中共七大軍區中最年輕的司令和中央軍委聯合參謀部首任參謀長的明星上將，就這樣結束了自己的仕途之路。

港媒《星島日報》此前消息稱，房峰輝和張陽是由中央軍委主席習近平親自下令調查的，旨在「全面徹底肅清郭伯雄、徐才厚流毒」。

習近平三次閱兵前後的巧合

1 月 3 日，中央在河北保定舉行 2018 年開訓動員大會，習近平身穿迷彩服、腳登作戰鞋，出現在主會場校閱台向全軍發布訓令，隨後全軍 4000 多個單位同時展開了實戰對抗訓練。

這也是習第三次大規模閱兵。閱兵後不久，1 月 9 日晚官方宣布房峰輝已被移送軍事檢察機關。

港媒報導認為，習每次拿下軍中大老虎前後，剛巧就舉行閱兵。2015 年 9 月 3 日，習主持了天安門廣場大閱兵，2017 年 7

月在內蒙古主持了沙場大閱兵。2015 年九三大閱兵前，正受調查的前軍委副主席徐才厚病亡、郭伯雄被開除黨籍。2017 年內蒙古朱日和基地沙場大閱兵後，軍委委員張陽和房峰輝雙雙被革職。這次習近平在河北保定閱兵的一個多月前，張陽自縊死亡，其後房峰輝受查。

報導說，每隔一段時間舉行這種讓國內外都看得見的閱兵活動，應是習用來宣示軍權、震懾軍頭的手段，因為過去軍隊一直掌控在江澤民手中。

習五年前指軍委高層不乾淨

1 月 9 日房峰輝被查處後，具官方背景的微信公號「俠客島」發表題為《「房」塌後回看習近平這段話 意味深長》的文章。

文章披露，在 2013 年 7 月的中央軍委民主生活會上，習近平說了一段大白話：「軍委的同志身居高位，全軍官兵在看著我們做事是否乾淨？自己不檢點、不清爽、不乾淨，讓人家在背後指指點點的，怎麼去要求人家啊？沒法說，說了也沒用啊！」

有消息稱，在 2016 年 8 月初的北戴河高層「民主生活會」上，中央軍委副主席許其亮等四名習親信和多名中共老軍頭，炮轟江澤民、曾慶紅等前軍政高層等。有港媒曾披露，38 名離退休中共將軍曾聯署致信中央和軍委，要求對軍隊上層由來已久的腐敗，開展「政治問責」和「瀆職追究」。

中共軍隊從上到下腐敗透頂已是不爭的事實。中共前黨魁江澤民掌軍權前後 20 多年，從上個世紀 90 年代以經濟手段收買軍中將領，致使軍隊嚴重腐敗；到胡錦濤主政時期，利用其軍中代

表、時任軍委副主席郭伯雄和徐才厚架空胡錦濤，腐敗、買官、賣官更加猖獗。

2015 年 3 月，中共軍事科學院楊春長少將等人曾向港媒大曝郭伯雄和徐才厚等瘋狂賣官、貪腐的內幕，軍隊裡提個排級、連級、團級、師級、軍級軍官都有行情，如大軍區司令出 2000 萬人民幣買官、貪污或浪費軍費等。

徐才厚 2014 年 6 月底落馬後，葉劍英養女戴晴在美國之音發聲，指徐才厚等巨貪在軍中的胡作非為，主要責任者是掌控軍中實權的江澤民。因為胡錦濤在軍中太弱勢，都是江澤民幹的。

2018 年 1 月 14 日傳出軍委副主席范長龍被查的消息，再次印證了習近平批評軍委高層都不乾淨的說法。

胡錦濤重用的還是江派的人

2018 年 1 月 15 日，《環球人物》刊文說，生於 1951 年 4 月的房峰輝，簡歷顯示是陝西省咸陽市彬縣人，但其實他是旬邑縣人（彬縣和旬邑縣相鄰）。

文章透露，房峰輝生父不姓房，而是姓馬，是名軍人。房峰輝原名叫馬咸陽，父親去世後，母親帶著他改嫁至彬縣東街村，並且跟母親姓「房」，名字也改為「峰輝」。

房峰輝的生父叫馬國選，生於 1921 年 10 月，1941 年 5 月加入中共，曾任新正縣完小教員、校長，縣委祕書、宣傳部長。1947 年 11 月入伍，後任關中軍分區祕書、咸陽軍分區政治部組織科副科長、第一野戰軍西北軍區幹部隊預備役科科長、武漢軍區武昌高級軍械技術學校幹部處副處長等。馬國選 1957 年 8 月

轉業後，曾任中共湖北省人事局科長、省文化局黨委書記，1960年12月9日在武昌病亡，時年39歲。

2008年清明節，中共旬邑縣委、旬邑縣政府為房峰輝的父親馬國選建了陵園，並為其立了寫有其簡歷的墓碑。

1968年2月，年僅16歲的房峰輝加入中共軍隊。30年後的1998年房峰輝晉升少將軍銜，1999年成為蘭州軍區第21軍軍長。

房峰輝是郭伯雄的老鄉兼舊部，郭伯雄2002年被江澤民提拔為軍委副主席後，房峰輝第二年就從蘭州軍區的第21軍，跨大區調任廣州軍區參謀長，躋身副大軍區級。在郭的提拔下房步步高升，2007年6月，時年56歲的他出任北京軍區司令，躋身大軍區級，是七大軍區司中最年輕的司令。據說正是郭伯雄向胡錦濤大力「推薦」的結果。

2010年7月，房峰輝晉升上將，2012年任總參謀長，成了中央軍委委員。2016年1月份，中共軍委機關調整，房峰輝擔任調整組建後的軍委聯合參謀部首任參謀長。

新紀元周刊出版社《中南海政治海嘯大揭祕（下）》一書，講述了2009年中共十七大四中全會時，房峰輝發動政變阻止了當天會議上選出十八大接班人。不過，犯下這樣「滔天罪行」的房峰輝並沒有被治罪，反而至今仍然穩坐禦林軍的頭號寶座。這葫蘆裡賣的是什麼藥呢？

當時胡錦濤重用的北京軍區司令員房峰輝，藉口沒得到軍銜的提升而發動政變，反對中共中央政治局提請全會通過的人事安排。中共中央領導集體屈服於房峰輝的武力要挾，被迫讓步，在四中全會公報中沒有提到人事安排，直到一年後的五中全會上，習近平才被宣布為胡的接班人。

當時人們都分析，這是胡錦濤利用房峰輝上演的一場戲，目的就是為胡錦濤贏得時間，不讓江派把所有位置都占據。

不過，自從徐才厚、郭伯雄落馬後，才有消息傳出，房峰輝是江派人馬，是郭伯雄的心腹。看來，胡錦濤當時地位實權真的很低，他只能選用江派挑選出來的人，選來選去都是江派人馬。

房峰輝能把郭伯雄叫稱姐夫，可想而知為了贏得胡錦濤的信任，這位白面書生也會各方演戲，讓胡錦濤把其當成「愛將」而委以重任。最後把胡錦濤給騙了。

房峰輝稱郭伯雄為姐夫

2017 年微博上有一篇文章，曝光了房峰輝和郭伯雄之間的來往紀錄，文章的作者自稱是臨時抽調擔任郭伯雄的祕書。文章透露，1987 年 9 月，文章作者隨時任蘭州軍區司令部副參謀長的郭伯雄參加新疆軍區戰役集訓。這篇文章現在已被刪除。

文中介紹：「一天晚飯後，陪著郭在延安賓館院子裡散步，遠遠來了位軍官，大約 40 歲上下，白面書生的模樣，戴一副白框眼鏡。距我們十步距離上下的時候，停下來很莊重地向郭敬禮，用陝西口音喊了聲『姐夫！您好！』」

「郭聽到對方稱呼後，很詫異，忙停下來，也是用濃濃的陝西口音問道：『你是誰？我不認識你啊！』對方連忙回答，講了一串很複雜的親戚關係譜系，並確定應該叫郭『姐夫』。」

據稱，郭伯雄當時沒忍住，大笑出來，與房握手。被郭問及是哪個單位的，房用家鄉話忙回答：「房某某（房峰輝），房屋的房，山某的某，光某的某，額（我，陝西方言）現在在七師當

副參謀長！」

有老鄉的關係，再加上這次「姐夫」與「小舅子」之間的交談，郭伯雄顯然很受用這個「姐夫」的稱呼，房峰輝自然會得到郭伯雄這個領路人更多的關照，也成了他的頭馬。

2015 年 4 月 9 日，郭伯雄被調查，但官方未對外公開。同年 7 月 30 日，中紀委網站通報郭伯雄被開除中共黨籍、移送司法處理。2016 年 7 月 25 日，郭伯雄被判終身監禁。

在郭伯雄落馬後，房峰輝暫時安然無恙，還在軍改中出任中央軍委聯合參謀部參謀長。其後多次亮相外交場合，包括陪習近平訪美、參加中美首輪外交安全對話等。在出事之前，房峰輝還被外界視為接任軍委副主席的人選之一。

香港《明報》曾報導，徐、郭落馬後，房、張兩人的前景已趨黯淡。網上流傳的消息指，當徐才厚被查後，張陽為檢討自己過往的關係，竟向習近平下跪求饒；而房峰輝則在郭伯雄被查消息初起之時，曾在私下表示，「誰要敢動老首長（郭伯雄），我一槍斃了他」，態度囂張，但後來表面也服軟了。

另有港媒曾披露，房峰輝和張陽二人暗中抵制習近平提出的「肅清郭伯雄、徐才厚遺毒」，多方保護他們的老戰友老同學和老鄉，早已引起習不滿。而房、張二人也對習近平心懷不滿，曾密謀在十九大前發動軍事政變，沒想到機密洩露，習近平果斷下手抓捕了兩人，粉碎了這場軍事陰謀。

一死一抓 張陽與房峰輝

2017 年 11 月 29 日海外媒體報導，房峰輝與張陽幾乎同時受

到調查。消息人士還透露了房峰輝被查的相關細節，稱受其牽連的將領多集中於中共軍委聯合參謀部下屬部門，包括「信息化部、四部」等。

在 2016 年軍改前，信息化部、四部是總參 20 多個部門中的兩個，其中總參四部全稱是總參電子對抗雷達部，主要從事電子戰，包括電子情報、電子對抗、雷達管制等。信息化部前身是總參通信部。中共軍委聯合參謀部設立後，據信兩個部門仍繼承保留。

報導說，房峰輝的罪名一旦被坐實，其影響可能超過張陽案，因為中共軍委聯合參謀部承擔軍方作戰指揮中樞的角色。

有人比較了房峰輝與張陽的異同，兩人同時被查、兩次「搭檔」：2003 年 12 月，房峰輝履新廣州軍區參謀長，成為中共副大軍區職將領；張陽 2004 年 12 月任廣州軍區政治部主任，兩人「搭檔了近三年」，直到房峰輝 2007 年 7 月調任北京軍區司令員。中共十八大前夕，2012 年 10 月，中共軍方原四總部同步換將，張陽接任總政治部主任，房峰輝接任總參謀長，兩人同時晉升軍委委員，又「成為搭檔近五年」。

兩人都被官方稱為行賄受賄。張陽早在原廣州軍區時，就被稱為「出了名的大貪官」、「麻袋政委」、「張麻袋」（跟他買官，得裝一麻袋錢才能見面）；而房峰輝出任總參謀長前，向郭伯雄「行賄」。郭伯雄兒子郭正鋼曾狂言，軍中一半將軍是他父提拔的。

有港媒報導，房峰輝與張陽分別是郭伯雄、徐才厚提拔的下一代「繼任者」，是軍委副主席的接班人。郭徐讓房張分別任總參謀長、政治部主任，上升的路線基本與郭、徐本人一樣。郭、

徐出任軍委副主席時，他們分別任常務副總參謀長、政治部主任。

他們兩人都涉嫌軍事政變，有港媒報導，房峰輝、張陽在軍改中被削權，令兩人覺得自己成為「高級傳令兵」，而對習近平心懷不滿，因此，曾密謀在中共十九大前發動軍事政變，沒想到機密洩露，習近平先下手抓捕了兩人。

據說涉及張陽案的共有 40 多人，均被調查。其中，張陽仕途舊地原廣州軍區至少 32 人帶走，中共軍委機關 8 人被查。在房峰輝落馬後，可能會有更多人被牽扯。

大陸微信公眾號「政知道」1 月 9 日的文章披露，在房峰輝之前，公開披露的落馬上將還有徐才厚、郭伯雄、田修思、王建平、王喜斌和張陽。除田修思、王喜斌外，其餘上將涉及的罪名都已披露，以受賄罪為主。

第二節

對抗軍改 想藉印度打仗

2017 年 9 月，中印邊境對峙結束後，印媒報導暗示房峰輝可能涉嫌挑起此次對峙，給習近平攪局。（AFP）

地方軍隊罕見不表態

2018 年 1 月 9 日晚間，官方公布房峰輝被抓，但截至 1 月 10 日，未見大陸各省份及中央軍委各部門對房峰輝被調查的表態。與張陽畏罪自殺消息公布後大陸多地的反應形成強烈對比。

張陽案被公布的 2017 年 11 月 28 日，中共軍報當天隨即刊發題為《自殺逃罪惡劣 反腐永在路上》的文章，指張陽「嘴上喊忠誠、背後搞貪腐，是典型的『兩面人』」。這篇署名「鈞正平」的文章還指，張陽以畏罪自殺這種可恥的方式結束了自己的一生。

11 月 28 日上午，天津市委書記李鴻忠主持召開市委常委會擴大會議，通報了張陽嚴重違紀違法問題及自縊死亡的情況。11 月 28 日公開表態的省份還有河南、浙江、吉林、遼寧、湖北、

雲南等。

截至 2017 年 11 月 30 日，中國大陸有 14 省份、3 部委集中公開表態，擁護習中央。

而與之形成強烈對比的是，2018 年 1 月 9 日晚間房峰輝落馬後，1 月 10 日早上六點多，中共軍報發表題為《評房峰輝落馬：堅決擁護黨中央的正確決定》的文章稱，擁護中央對房峰輝的處理決定，聽從中央、中央軍委和習主席指揮等。但截至 1 月 10 日中午，未見大陸任何省份及中央軍委各部門、五大戰區等軍隊部門對房峰輝被調查的表態報導。

在 2014 年 6 月 30 日、2015 年 7 月 30 日，官方分別通報中央軍委前副主席徐才厚、郭伯雄被開除黨籍後，當時的總參謀部、總政治部、總後勤部、總裝備部、海陸空二炮部隊、各大軍區的表態。

房峰輝落馬後，官方定性只說他行賄受賄，但中共軍報評論稱他「政治上變質、經濟上貪婪」，查辦房案是「全面徹底肅清郭伯雄、徐才厚流毒影響的重要組成部分」，但很多媒體注重的是後一句：「經濟上貪婪」，而忽視其「政治上變質」。

為什麼不表態呢？也許是因為牽扯政治問題，案情不明朗，各方才不表態。

政變之外的三宗罪 受賄行賄無能

雖然官方尚未披露房峰輝被調查的細節，但有海外中文媒體的評論文章指房涉「三宗罪」。

第一是涉及腐敗。外界早有傳聞，如同曾經中共軍方內部普

遍存在的買官賣官、貪污受賄一樣。十八大後軍紀委接到有關房峰輝問題的舉報，房隨後退贓逾億人民幣。儘管這個傳聞真假難定，但是都證明房主要問題仍然是貪腐。

「行賄」這個關鍵信息，也能透露出房峰輝的第二個罪名，就是政治上與郭、徐勾結成黨，結成軍隊內部山頭。更重要的是，官方通報中稱他「行賄」。作為中央軍委成員，房峰輝行賄的對象，非時任軍委副主席郭伯雄、徐才厚莫屬。這也再度印證了房峰輝落馬係「郭徐遺毒」再清算的論斷。

2018年1月10日，BBC中文網援引一名不願意透露名字的知情人士的話說，30多年前，房峰輝曾擔任地方部隊一個師的參謀長，為給所在部隊爭取更多糧食配給，行賄過地方糧食局的局長。

報導說，房峰輝給該局長送了一件軍大衣，走後該局長發現大衣兜裡有500元。在當時，500元是該糧食局長半年的工資。

紅二代羅宇接受美國之音採訪時表示，房峰輝從新疆轉戰廣州再北上京城，十多年來一路升到將軍，正值郭伯雄和徐才厚當政時期，升官路程當然鋪滿行賄的腳印兒。整個軍隊靠的都是行賄、受賄，房怎能不行賄？否則他如何能步步高升？

羅宇表示，他已經多次說過，中共軍隊是一灘爛泥。一個朝代如果發展到買官賣官的程度，軍隊的戰鬥力也就無從談起了，能夠穩定已經就相當不錯了，這就是中國今天的形勢。

房峰輝的第三宗罪，就是「無能」。無論是對房的仕途進行觀察，還是海外的傳言，與因戰功積累而升遷的李作成不同，房峰輝沒有任何戰功，只善於紙上談兵。有報導稱，在四、五年時間內，作為總參謀長的房峰輝，沒有按時完成習近平對朝核危機

的解決設計，一而再再而三延誤朝核危機進程；同時還搞出中印邊界事件。

野心勃勃的機會主義者被突然拿下

2017 年 8 月 21 日房峰輝還以總參謀長的身分接見外賓，但 8 月 26 日之前就被撤換，李作成已經飛到國外開會，這說明房峰輝是被突然拿下的。這幾天到底發生了什麼？

紅二代羅宇分析表示，對習近平來說，危害不太大的，比如不是搞政變或暗殺的，習不一定會抓。「因此房峰輝如果真的投靠習近平，那習也不會動他。肯定他有什麼事情才突然被拿下，事先一點徵兆也沒有。」

《新紀元》周刊此前報導，習近平原計畫讓他們在十九大後平安退休，不再追究他們與郭伯雄、徐才厚的關係，哪知他們想藉印度問題搞政變，習不得不出手抓人。

據香港《南華早報》報導，房峰輝被軍內人士形容為「機會主義者」。報導引述北京一名接近軍方的消息人士說，房峰輝是一名野心勃勃的軍官。

「房峰輝與張陽的上司和下屬有密切的關係，因為他們都是前中央軍委副主席郭伯雄和徐才厚的親信，而房峰輝是最有技巧的機會主義者，緊跟著郭伯雄。」一名接近軍方的消息人士說。

廣州一名軍方消息人士說：「郭伯雄和徐才厚都是江澤民的代理人，而房峰輝、張陽和其他高級軍官，都是他們的同謀。」

2017 年 8 月，紐約民主人士王軍濤撰文指出，習近平在 2016 年 7 月中下旬拿下孫政才，隨後召開京西賓館的神祕「三無」

會議（無筆、無紙、無水杯，只許聽不許記錄）以及內蒙古大閱兵，種種異動顯示，習近平很可能剛剛粉碎了一場未遂政變，或者正在彈壓一場預謀中的政變。

對抗軍改 「不換思想就換人」

新紀元周刊出版社最新書籍 NO62：《張陽政變自殺內幕》獨家披露了張陽配合房峰輝搞政變和對抗習近平的一些內幕。

2015 年習近平開始對軍隊改革，總參謀部被大幅削權。2016 年初，軍委機關從原來的四總部改為七個部（廳）、三個委員會、五個直屬機構共 15 個職能部門。

據中共官媒報導，在習近平當局對軍隊進行改革的兩年中，已有 200 多個正師級以上的機構被裁，全軍團以上建制單位機關減少 1000 多個，非戰鬥機構現役員額壓減近一半，軍官數量減少 30％。

中共軍報還說，中共陸軍原集團軍主官全部換崗，90％班子成員交流任職。

習近平在 2012 年上任後，江澤民還想繼續做「太上皇」，但遭到習近平的強力反擊。習先後拿下了徐才厚、郭伯雄等近 160 名軍級以上軍官，同時通過中共史無前例的軍改及對軍中高層人事進行大幅度調整，基本收回了軍權，但當局仍然不斷強調「全面徹底清除郭、徐流毒」。

外界認為，習近平當局所說的「清除郭、徐流毒」實際上是清除江澤民的遺毒，因為郭、徐僅僅是江的軍中代言人。通過這次大規模軍改，習全面收繳軍隊指揮調動權。有軍事專家認為，

習近平搞軍改，其中一個重要目的就是從江派手中收回軍權，以防止江派搞政變。

2017 年 9 月 3 日，據北京知情人士向《新紀元》周刊透露，房峰輝被查，一個主要原因是他和張陽等軍中鷹派人物，想和印度、越南等周邊國家打一仗，所謂「彰顯國威」，以便自己能再往上爬。但習近平很清楚軍隊的實力，根本無力打勝仗，因此拒絕了他。

第二個原因是軍改引發的內部矛盾。中共軍隊原來是按照蘇聯的編制來組建的，早已不適合現代化的戰爭，因此從 2015 年底以來，習近平開始對軍隊動大手術，仿照美國軍隊的結構來全部打散、重新組建，這就動了原來將領們的頭銜、官位、待遇等，令一些老人不適應。他們在內部頂撞習的軍改政策，在整個軍隊裡散布不滿情緒，「這些讓習很不高興」，最後房峰輝等人被拿下。

據說在一次內部會議上，房峰輝和張陽把私下收集的各類反對軍改的意見反映給習近平的人，他們說了很多。習知道後很不高興，傳話說「不換思想就換人」，結果就內定了要讓房峰輝和張陽在十九大軍委換屆時提前退休，同時處理那些暗中反對軍改的人。

想藉與印度打仗搞政變

促使房峰輝突然落馬的還有其印度政策。他和其他江派人馬都希望能點燃戰火，給習近平的十九大攪局。

2017 年中共十九大前夕，中印兩國邊界突然爆發對峙危機，

當時房峰輝正在軍委高層任職。9月5日《印度斯坦時報》在事後曾經暗示，房峰輝是結束對峙的「主要障礙」，中印撤軍協議就是在他被免去聯合參謀部總參謀長的職務後結束的。

據香港媒體報導，聽說習近平要讓他們提前退休，房峰輝和張陽同病相憐，撈錢正在興頭上，如果退休了，就等於是被斷了財路，當然心有不甘。二人一合計，與其引頸受戮，不如動手造反。兩人商量著要軍事政變，在十九大之前動手。但是沒想到走漏了消息，沒等他們實施政變，習近平先下了手，抓了這兩人，軍事政變的陰謀也就胎死腹中。

江派人馬、特別是郭伯雄的部下，利用印度與中國的矛盾想搞事的做法早有歷史。

早在2014年10月《新紀元》周刊397期封面故事中，就講述了《習近平訪印陣腳亂 800共軍「入侵」印度》、《江派搞暗殺 蘭州軍區使壞 習近平訪印發火》、《南京青奧會兩大異常 或江派政變流產》等系列文章。

文章說，郭伯雄的老巢蘭州軍區的人，故意在習近平訪問印度時入侵印度，令習近平非常難堪。2014年9月19日晚，習近平一回到北京，就安排第二天召開全軍參謀長會議，據說全軍參謀長會議幾十年都沒召開過，這次很特殊。

總參謀長房峰輝出席會議，整個中共軍委班子全出動了。9月22日，習近平在北京京西賓館接見全軍參謀長會議代表。習要求「強化號令意識」、「絕對忠誠」、「聽從指揮」、「確保政令軍令暢通」等。毫無疑問，這次出兵印度，不是號令出了問題，就是軍令不暢，下面做的和習想的截然相反。

一個月後2014年10月30日，習近平親自提議召開全軍政

治工作會議，地點選在福建省上杭縣古田鎮，會上習近平發表重要講話。

房延續郭伯雄反習策略

港媒《東方日報》2018 年 1 月 11 日的評論文章披露，2014 年習近平在福建上杭召開全軍政治工作會議時，郭伯雄就在會場外的賓館遙控指揮手下大將們與習明頂暗抗，習近平當時講完話之後拂袖而去，當天就離開。

在該次會議之前，2014 年 6 月徐才厚落馬，另一名前軍委副主席郭伯雄岌岌可危。2015 年 3 月，軍方宣布郭伯雄之子郭正鋼被查，隨後有外媒披露郭伯雄 4 月被查，至 2015 年 7 月 30 日，郭伯雄獲通報落馬。

當時《新紀元》周刊報導說，習近平率領 420 多軍方人士南下福建開會，會議名稱並沒有冠之以「古田會議紀念座談會」之類的稱號，而是直接上升為「全軍政治工作會議」。

85 年前的古田會議，確立了中共「黨指揮槍」的基本原則，從此開始了「黨委書記」這個外行要領導管理「將軍」這些內行的顛倒模式，毛澤東也由此權力大增。

習近平此次選擇到古田開會，令人聯想欲藉古田會議再度確立他這個共產黨總書記的最高領導地位。此前張德江的人大不是提出「人大有權罷免國家主席」來挑釁習嗎？同時江派在軍方不是大力叫喊「軍隊國家化」嗎？不過江派並不想讓軍隊國家化，而只是想讓習近平這個軍委主席沒有實權去管理軍隊。

據官媒報導，習近平在會上發表講話，強調要特別重視和

嚴肅看待徐才厚案件。這是習近平首次在官媒報導中提及徐才厚案，同時也給郭伯雄敲警鐘。

郭伯雄人稱「軍中第一虎」，後來有消息說，其家族貪腐不少於千億元人民幣，可救兩個希臘。

徐才厚落馬後，郭伯雄曾試圖以種種方式對抗習近平，而房峰輝又繼承了郭伯雄的反習態度。

郭伯雄「西北狼行動計畫」 對抗習近平

法廣中文網 2015 年 5 月 24 日曾引述爆料稱，徐才厚落馬後，郭伯雄已是任人宰割的甕中之鱉，而最終給其致命一擊的正是他的腐敗盟友徐才厚。徐才厚為了減輕罪責，和盤托出了郭伯雄要與他建立攻守同盟的密謀。

據報，在徐才厚招供之前，兩人都對當局調查徐才厚一事已有所聞。為避免落馬，自 2013 年 9 月下旬至 2014 年 2 月，郭伯雄先後四次到 301 醫院及徐才厚寓所，透露中共對徐才厚審查的絕密內情，同時或明或暗的提示徐才厚，問題要到此為止，避免越扯越多越遠沒個底，會牽連更多人，並承諾自己會在內部活動，爭取讓中共中央對徐才厚作中共黨內或軍內的紀律處分。

而郭伯雄早已打聽到徐才厚問題的要害，甚至他自己也有與徐相同的罪責。為避免被動，郭一度主動檢查，力求早日脫身，但徐才厚的交代，最終給了郭伯雄致命一擊。

此外，郭伯雄落馬前也曾以求助「風水大師」的方式搞「另類對抗」。據消息人士透露，郭伯雄在中共十八大後自知不妙，2013 年到各地尋訪「風水大師」，求指點迷津。按照所得「密法」，

郭回家後在豪宅架設了一門「風水炮」，欲求「避禍」。

另外，網路上還爆出郭伯雄有對抗習近平的「西北狼行動計畫」。

2017 年 10 月 9 日，軍委後勤保障部原副部長劉生杰兼任的中紀委委員職務被撤銷。兩個月後網路又傳出劉生杰被調查。曾有消息說，劉生杰參與了郭伯雄密謀對抗習近平反腐的計畫。

2014 年 7 月份，一封署名《總政知情幹部》的信曾在外界流傳，稱郭伯雄與一直聚集在他周圍的各種勢力，密謀抵抗習近平的反腐行動。特別是在徐才厚落馬後，郭伯雄給他的心腹制定了「西北狼行動計畫」，包括盡一切可能減輕和縮小徐、谷案衝擊範圍，保住人事格局等重大問題的基本盤面，化整為零，分立門戶，鼓勵各自做大等。

郭伯雄的頭號心腹就是房峰輝，毫無疑問，房峰輝參與了這個「西北狼行動計畫」。

信中還特別提到，軍中「大老虎」谷俊山被雙規後，郭伯雄的警衛員陳風泗的妻子苑愛蘭仍平步青雲，正是郭在總後的親信劉生杰副政委和政治部主任操辦。

信中稱，劉生杰他們和郭伯雄都知道對方的底牌和打法，「郭跟他們交代過，現在這個體制就是這麼回事，過去是我罩著你們，你們現在在位，也要罩著其他人。有人、有隊伍，別人上來不可能把你一掃而光。這個帳怎麼算也是賺的。」

現在回頭看，房峰輝也是像郭伯雄那樣「罩著」保護江派人馬，才有了他對習近平軍改的反對意見書，以及想把習近平拖入中印戰爭中的陰謀，哪知事與願違，最後落得被抓被判刑的結局，真應了老百姓那句話：壞事做多了，就要遭報應。

第三節

房峰輝的無能與四方政變傳聞

軍老虎前仆後繼地搞政變，背後真正的組織者無疑就是昔日的軍委首長江澤民和其軍師曾慶紅。（新紀元合成圖）

2018 年 1 月 9 日新華社通報，房峰輝（中央軍委前委員、中央軍委聯合參謀部前參謀長）因涉嫌「行賄、受賄犯罪」，被移送軍事檢察機關處理。這看來只是經濟問題，但 1 月 10 日，軍報發布評論文章稱，房峰輝「政治上變質、經濟上貪婪」，「對房峰輝的處理，是全面徹底肅清郭伯雄、徐才厚流毒影響的重要組成部分」。

而房峰輝的「老搭檔」、中共軍委前政治工作部主任張陽，已於兩個月前的 2017 年 11 月 23 日在調查期間「上吊自殺」。

賣軍產暴富 千米將軍府防核彈

有境外媒體引述消息指，房峰輝在任職前北京軍區司令期間多次變賣軍產地皮，大發橫財。據報，單前北京軍區「292 醫院」

的一塊地皮，已賣出 47 億（人民幣，下同），約 58.1 億港元。

資料顯示，292 醫院係原北京軍區總醫院東院，是一所綜合性三級乙等醫院。2012 年 11 月，292 醫院突遭暴力強拆，致民眾怨聲載道。

另外，房峰輝還指使下級拆掉原北京軍區大院數十棟樓，反而斥資近 10 億新建五星級的華北賓館。華北賓館地處北京石景山區，是該區最豪華的賓館。

房峰輝還斥資 6000 萬興建軍區大院南大門和院內道路，而新建的門診部大樓改為京西醫院。房峰輝任用其親信為京西醫院院長，並提拔為少將。

消息人士還披露，房峰輝住所為四合院式豪華住宅，並裝有防彈玻璃，地下設施能夠抗核爆。豪宅占地 1000 平方米以上，大門朝南，後因聽風水師指點，封堵南門，改建東門。

房峰輝被指在飲食上非常講究。在擔任原北京軍區司令時，嫌小灶飯菜不可口，就派兩名廚師去廣州學習三個月。此前，房峰輝就在原廣州軍區擔任參謀長。「他吃飯時突然想吃什麼，就讓做或買，做不好或買不到就摔筷子而去。」

另外，房峰輝在原北京軍區機關時，以關心官兵健康為由，將下午的上班時間改為 14 時 30 分，一年四季如此；機關大樓三處門崗，警衛之前站在門外，房說門外站崗冬冷夏熱，就改為門內站崗。但這被指有違軍隊條例。

任人唯親 受賄後提拔軍區司令

2018 年 1 月 16 日，有消息人士爆料，2007 年 6 月至 2010

年 10 月，房峰輝擔任北京軍區司令期間，某軍分區張姓參謀長，通過北京軍區邱姓副司令，兩次向房峰輝行賄 140 萬元，房將張姓參謀長提拔為某軍分區司令，並特批張姓司令之子上軍校。

消息人士稱，房峰輝的田姓親戚以及其傅姓勤務兵，先後從處長一職提為副師職軍官，並將北京軍區機關防化技術室 Yu 姓司機提拔為軍訓部副部長。

報導說，北京軍區機關防化技術室 Yu 姓司機善於鑽營，在房峰輝建住宅時為其反覆檢測排除甲醛等污染，獲其賞識，被提拔為該室主任。

後來，這位 Yu 姓防化技術室主任被任命為北京軍區軍訓部副部長。Yu 姓副部長在北京軍區大院西南角蓋了兩層大樓，其中臨街樓為對外營業海參餐館，特別為房峰輝精心裝修一個雅間，專供後者及親屬享用各種美食。

房峰輝升任中共總參謀長後，將 Yu 姓副部長調任總參擔任下屬局級單位局長。消息人士表示，這位 Yu 姓局長對防化知識一竅不通，竟率團參加國際會議。

報導還披露，房峰輝曾到秦皇島軍分區視察，該軍分區王姓參謀長對其服務周到，不久就被提拔至北京衛戌區，後來調任某集團軍軍長。

帶兵無能 軍演時嚇得一頭冷汗

有媒體分析說，房峰輝被拿下，除了行賄受賄，還有一點就是「無能」。

在四、五年時間內，作為總參謀長的房峰輝，沒有按時完成

習近平對朝鮮核危機的解決設計，一而再再而三延誤朝核危機進程。且在習近平與川普會談後，在不適當時機搞出中國印度邊界事件，從而導致印軍軍隊直接進入中方邊境，影響中央大局。

1968 年 2 月，17 歲的房峰輝入伍，在駐防寶雞第 21 軍 61 師當兵，先後任作訓參謀、作訓科長、團參謀長、團長、師參謀長、軍參謀長等職，長期負責軍事訓練。1985 年冬，該軍改編為第 21 集團軍。

2000 年夏，房峰輝升任該軍軍長，當時政委為孔瑛，該軍區組織了一次代號「高原風暴」的大規模聯合演習，由房擔任總指揮。當時，他率領九輛指揮車，在青海省日月山、祁連山一帶，展開為期十天的紅、藍兩軍的對抗演習。

鮮為人知的是，此次「高原風暴」大演習出了狀況，房峰輝 21 軍所屬旅、團四十多台野戰指揮車在不同荒漠高原竟然失去聯絡，急得房一頭冷汗。

在藍軍與紅軍的對抗演習中，有三台搶救保障車熄火拋錨，顯示機動戰力和維修保障問題嚴重，房峰輝對此大發脾氣。電子戰在房峰輝指揮部網絡系統突然漆黑一片，遭藍軍病毒攻擊，有三個終端機不能使用。

最後紅軍大敗，但這並不妨礙房峰輝的升遷。2003 年房峰輝被調任廣州軍區參謀長一職。

房峰輝落馬牽扯的四方政變傳聞

房峰輝的仕途與郭伯雄、張陽均有明顯交集。在房峰輝落馬後，媒體均認為房的落馬涉郭、徐案。與此同時，房峰輝陷入多

種傳聞,說他至少四方面涉及政變。

一是藉印度鬧事

《香港經濟日報》1月10日的文章提到,2017年8月底,中印邊境對峙結束後,9月5日印媒在報導中暗示,房峰輝可能涉嫌挑起此次中印對峙,給習近平攪局。報導稱,中印撤軍協議是在習近平更換了聯參部參謀長之後達成的。

《新紀元》周刊此前報導了房峰輝、張陽想藉中國與印度打仗的機會,延期十九大的召開,在亂中奪權,就像徐才厚說的讓習幹五年就滾蛋!

不過習近平識破了這些軍中鷹派人物的危險性,提前動手,拿下了他們。

二是聯手孫政才 搞不流血政變

張陽自殺時,就傳出張陽、房峰輝與孫政才等陰謀家暗中串聯,在十九大前發動不流血政變。

2017年11月28日,張陽被指涉郭伯雄、徐才厚等案,在調查期間「畏罪自殺」。張陽是中共40年中第一個被官方公布自殺的「軍老虎」。12月5日,央視網就刊登題為《「畫皮」貪官另一面》的評論文章,文章以清代小說《鏡花緣》中「兩面國」故事作為開頭,批「貪婪、奸佞之人,往往以清廉示人。貪官們精心修飾著自己人前的那張畫皮……」「人前是人,人後是鬼。」

而張陽就是這樣的兩面人。他是徐才厚一手提拔的,對於自己的所謂「仕途恩人」,卻翻臉不認人,自2014年9月以來,不少於13次痛批徐才厚,幾乎達到了逢重要會議必批的程度。

而張陽的上司、中共前軍委副主席徐才厚,也曾被中共軍報批是政治投機主義的「兩面人」,依據荀子的話「口言善,身行

惡，國妖也」，說徐才厚是「國妖」。

香港東網的評論文章稱，張陽雖然不斷大篇幅批判郭、徐流毒，揚言徹底劃清界限，但一直對中央軍委隱瞞與徐才厚的真實關係，拒不交代徐才厚對其「交心內容」。

就在張陽自殺的消息傳出後，有多家港媒指張陽曾參與政變。據報，張陽與孫政才等陰謀家暗中串聯，企圖在十九大前發動不流血政變，但最終被當局拿下。

新紀元周刊出版社中國大變動系列叢書 058：《郭文貴事件背後 王岐山擊退政變》，以及 059：《孫政才下台內幕》，詳細披露了孫政才與郭文貴在國內外聯手阻撓十九大按照習近平的意願召開，如今再加上張陽、房峰輝在軍隊裡面的配合，更印證了習近平當時處境的危險與艱難。

三是藉老兵鬧事

有消息指，2016 年底和 2017 年初，大陸各地退伍軍人大規模進京維權，背後也有房峰輝和張陽兩人的策劃和協助，被認為是在為發動一場軍事政變「熱身」。

據當時報導，有數萬名各地退伍老兵多次包圍了中共軍委「八一大樓」，要求安置和生活保障。該事件成為多年來最大規模的老兵維權事件，震動中共。

老兵們能突破各種防守來到八一大樓，這背後明顯有人暗中幫忙，否則那麼一大群人早被各路口執勤的警察和街道帶紅袖章的人給攔住，報告上面來抓人了。

四是學鄧小平搞政變

有關房峰輝、張陽參與的政變，還有消息稱，十九大前，房峰輝、張陽想學鄧小平與葉劍英，發動一起未遂宮廷政變。

　　美國之音 2018 年 1 月 9 日引述港媒的文章說，房、張二人暗中抵制習近平「肅清郭伯雄、徐才厚遺毒」，引起最高層不滿，打算讓他們十九大換屆時提前退休。文章說，習近平推行軍改，房的總參謀長變成了軍委祕書長，張的總政治部也成了軍委政治部，兩人覺得被大大削權，本來指望在十九大上升任軍委副主席，卻被要求退休，「更令二人心有不甘」。

　　文章稱，房、張策劃在十九大前發動政變。據知情者透露，房峰輝等計畫用 1976 年抓捕「四人幫」的手段控制現任國家領導人習近平等，還有報導指十九大前，傳人民大會堂下發現爆炸物。

　　而張陽、房峰輝的這個政變計畫被提早察覺，結果走漏風聲，習近平下令抓捕兩人，政變流產。在房、張被調查後，軍中很快就下令清理涉及兩人的文件，說明他們問題定性嚴重。

　　這四方面的消息都有待進一步落實，不過這四方面都是彼此相關、互相配合的，綜合在一起，就能勾勒出十九大前習近平面臨的困境，再加上後來披露出來的軍委副主席范長龍的暗中相助，不但軍隊不穩，地方上也有孫政才拉幫結夥搞政變、國外有郭文貴在不斷鬧事。為了十九大能順利召開，習近平在採取抓捕和調查行動的同時，不得不做出妥協，於是人們看到，原本鐵定要進入十九大常委的王岐山被迫退休，把打虎總司令的位置讓給趙樂際這個多少有些江派色彩的人。

　　而這些軍老虎前仆後繼地要和習近平對著幹，他們能把國內外、地方和軍隊都串聯起來搞政變，這背後真正的組織者無疑就是昔日的軍委首長江澤民和其軍師曾慶紅。如今習近平一個接一個地拿下政變參與者，像剝洋蔥一樣，也許有一天就剝到江、曾頭上了，只有那樣，才能徹底杜絕江派搞政變。

范長龍上將也出事了

第六章

范長龍抵制軍改

習近平鐵腕進行軍事改革，可徹底清除江澤民在軍中的殘留分子。身為中共軍委第一副主席、排名只在習近平之下的范長龍，因而帶頭與習唱反調。據說范長龍建議軍改實施具體時間「應該至少延後兩個月」，其背後罪惡黑幕深重。

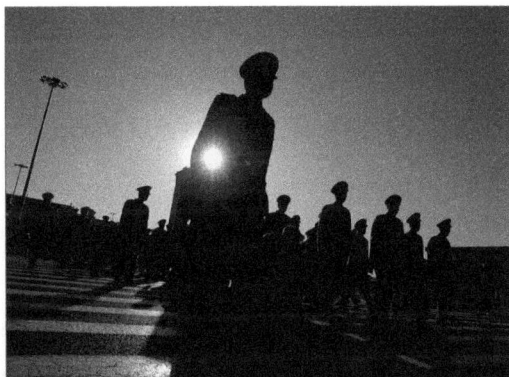

習近平此次進行軍事改革，可徹底清除江澤民在軍中的殘留分子。（AFP）

第一節

范長龍出事細節曝光

2018 年 1 月 13 日，海外傳出中共前軍委副主席范長龍（左）被立案審查。范長龍被視為徐才厚（右）的嫡系。（Getty Images）

2018 年 1 月 13 日，海外推特自由部落 @freedom9134564 發帖稱，國內紅二代微信圈傳出：剛卸任的原中央軍委副主席范長龍被立案審查；並稱他的消息來源絕對可靠。

第二天，香港《星島日報》也披露說，2017 年退休的政治局委員、中共前軍委副主席范長龍上將近日被立案審查；成為繼郭伯雄、徐才厚之後，第三名落馬的軍委副主席。

消息人士稱，房峰輝被移送軍事檢察機關後，「牽出他（范長龍）不少事」，當局決定拿下范長龍。

報導還指，范長龍被視為徐才厚的嫡系，兩人既是遼寧同鄉也是上下級。范在徐的老巢、原瀋陽軍區第十六集團軍任職逾 30 年，十八大獲徐才厚破格引薦，由軍區司令員直升軍委副主席。

1 月 9 日，北京當局通報，中共中央軍委原委員、軍委聯合參謀部原參謀長房峰輝因涉嫌行賄、受賄犯罪，被移送軍事檢察

機關處理。四天後，前軍委副主席范長龍被立案審查的消息傳出。各方披露的細節顯示，二人落馬之間密切關聯。

首先，范長龍出事，證實房峰輝已招供幕後人物。

房峰輝是在消失 141 天後被直接移送軍事檢察機關，跳過了「雙規」這個規定動作。

相比張陽、郭伯雄、徐才厚案件，官方通報只稱他涉嫌行賄、受賄犯罪，尚無其他貶損言詞。這也說明當局對房的配合比較滿意，對他的報導打擊力度明顯弱化。

港媒消息稱，房峰輝被移送軍事檢察機關後，「牽出他（范長龍）不少事」；證實房峰輝已供出范長龍等幕後人物。

其次，房峰輝行賄對象謎底部分解開。

官方短短通報中，房峰輝涉嫌的罪名中除了受賄，還有行賄。

大陸微信公眾號「長安街知事」1 月 10 日的文章說，實際上早在 2003 年，房峰輝就已是副大軍區級的高級將領了，他行賄的對象，令人震驚。

房峰輝在軍中一路受郭伯雄提拔，被認為是郭的頭馬。十八大前，他向郭伯雄和徐才厚行賄，應該不言而喻。

十八大之後，徐才厚、郭伯雄相繼出事，而房峰輝仍謀求十九大任軍委副主席。這說明其背後另有江派大佬扶植。不難想像，對十九大軍方高層人事具有一定話語權的時任軍委副主席范長龍，是房峰輝繼續行賄的對象之一。

第三，軍方政變傳聞幾近證實。

十九大前夕，房峰輝與張陽被查後，江派政變的消息不斷傳出。海外消息指，房峰輝、張陽等只是政變具體行動者，而布局策劃，包括海外輿論的準備，一定另有「高人」。

早在 2014 年 8 月，網上就有來自軍委內部消息說，徐才厚落馬後，軍中巨頭們個個緊張，尤其是涉貪的郭伯雄、范長龍等人，急於尋找對策自保。他們藉助當年「慶祝八一建軍節」的機會，郭伯雄勾結范長龍、房峰輝、常萬全、徐粉林等人聯絡和策劃政變。他們共推的政變領導人是軍委副主席范長龍。

房峰輝公開落馬後，范長龍被查細節隨即傳出。房峰輝供出范長龍等幕後人物的貪腐與政變罪行的跡象已很明顯。

隨著張陽、房峰輝、范長龍相繼出事，軍隊新一輪清洗風暴料將接踵而至。而軍方政變陰謀只是江澤民集團政變企圖的環節之一，總根源在於江派終極大老虎江澤民與曾慶紅。這場清洗風暴延燒到何種程度，將是中國政局未來一階段發展的焦點。

第二節
習推軍改 老軍頭拚命抵制

儘管軍改方案出台前已經過反覆醞釀修改，但仍面臨來自軍中極大的阻力。（Getty Images）

2015 年 11 月 24 日習近平正式宣布大陸軍隊開始新一輪的改革。

儘管軍改方案出台前已經過反覆醞釀修改，但仍面臨來自軍中極大的阻力。軍方知情人士稱，「據說習近平也發了一句重話：誰對這次軍隊改革，誰就是反對軍隊進步，誰就下台！」分析認為，習近平此次進行軍事改革，可徹底清除江澤民在軍中的殘留分子。

有消息說，習近平已查出 190 多名將軍級軍官屬於可以抓捕的對象，其中有 4 名是上將。已有 45 名軍級以上軍官被查處。

也有消息說，軍紀委查出了 400 多個軍中「小老虎」，等待進一步處置。

2015 年 11 月 24 日，200 多名共軍高級將領進入隸屬總參謀部、位於北京西長安街的京西賓館。除少量資深中將外，他們大

多是上將軍銜，其中包括全體中央軍委委員；四總部部長、政委；七大軍區、第二炮兵、武警部隊的司令和政委；國防大學和國防科技大學的校長、政委；軍事科學院院長、政委等。

官方報導說，習近平接見會議代表，隨後出席會議，正式宣布大陸軍隊的新一輪改革開始。此前在 9 月 3 日天安門大閱兵時，習已經宣布要裁軍 30 萬。

大陸軍隊的改革早已成為國際矚目的新聞，而且早在 2014 年 3 月就成立了所謂「中央軍委深改組」，開始公開釋放消息。如果用最通俗易懂的話來概括，這次軍改就是要「從蘇聯模式改成美國模式」，其傷筋動骨、撕心裂肺的程度可想而知。

2014 年 3 月 15 日，習近平主持召開中央軍委深化國防和軍隊改革領導小組第一次全體會議。官媒報導說，會議公布了習近平任組長，軍委副主席范長龍為副組長、軍委副主席許其亮為常務副組長。

國防部稱習這次軍改的意義是為了「實現『兩個一百年』奮鬥目標、實現中華民族偉大復興的中國夢作出的重大戰略決策」，是為了打造一支跟得上形勢的強大軍隊。習近平上台之初的深圳南巡時，就視察了 42 軍，並提出要讓軍隊做到「召之即來，來之能打，打之必勝」。

反覆修改後依舊阻力大

軍方消息稱，儘管軍改方案出台前已經過反覆醞釀修改，開會第一天習近平親自動員，要求將領們貫徹執行好這次軍改方案，但會議一開，方案往桌上一擺，仍然有不少將領提出「不同

看法」，「希望改革更穩妥、方案更周全，細節更可行」，並稱這些都是將領們「經充分調研、收集而得」。

由於阻力大，意見不統一，經習近平同意後，會議延長，原定一天半的會期，延遲至26日才結束，三天整，比原先多了一倍。

軍方知情人士稱，習近平在講話中，雖然沒有點到任何人的名字，但反覆要求與會高級將領們以身作則，服從大局安排，按執行紀律的要求，切實做好戰區改革工作，「據說習近平也發了一句重話：誰反對這次軍隊改革，誰就是反對軍隊進步，誰就下台！」

習近平搞軍改的三大背景

有評論稱，習近平之所以敢於用這種傷筋動骨的方式來重構軍隊，至少有三方面的原因。一是習近平出身於中共元老家庭，父親習仲勛是中共西北紅軍的創始人之一，這點已為他注入了戰場的血緣。二是習近平清華大學畢業後就進入中央軍委，成為國防部長耿飈的祕書，在軍機中樞浸潤了好幾年，對中共軍隊的運作機制很清楚。

第三點也是最關鍵的一點：習近平深知中共軍隊的落後。從1988年習近平擔任福建省寧德地委書記開始，他就擔任寧德軍分區黨委第一書記，並親自參加軍事訓練，一直到2007年擔任上海市委書記後，習才停止在軍隊的兼職。加上切身經歷，讓習對世界軍事發展和中國的軍事現狀有著一定的認識。

例如，習曾經在軍隊高層會議上就軍隊的現狀提出尖銳批評，尤其指軍隊信息能力差，戰場實時情報嚴重不足，「看不見、

辨不清，水下預警空白」。習還說：「人家（指美軍）眼觀六路，耳聽八方，我們又聾又瞎，兩眼一抹黑，怎麼打仗啊？」

有消息說，加上青年軍官的上書，以及朱日和軍事演習的結果報告，這些都讓習近平深感「再不改革，軍隊就完了」。

科技革命必然帶來軍事變革

台灣大學政治學教授明居正對《新紀元》表示，軍隊實力對每個國家來說都是很重要的。隨著科技的發展，各國武器已經發生了巨大變化，由此帶來的打仗方式的改變、軍隊建制的變化等一系列變革。中共軍隊現在採用的還是 1950 年代蘇聯的舊體制，早已不能適應現代化的戰爭。

以 1944 年二戰諾曼第登陸為例。那時雙方是以師為作戰單位，一個師一萬人，當時雙方武器差不多，按照慣例，進攻方要以 2 至 5 倍的兵力才能打下防守方，若涉及渡海，則要 5 至 10 倍的兵力，結果盟軍派出了 300 萬士兵橫渡英吉利海峽後，在法國諾曼第登陸。

等到了 1970 年越南戰爭開始的時候，那時還是以師為作戰單位，等到越戰後期，由於新的武器出現，特別是精準炸彈的大規模生產，大大提高了美軍的作戰能力。後來又出現由飛機射出鐳射來導引炸彈，以及炸彈鼻子上安裝上微電腦技術等，這些都極大的提高了炸彈的命中率。

等到了 1980 年，我們看到美國士兵不再用軍用通訊的大手機，而改用民用 3G 技術的小手機，也就是說，民用技術已經超過軍方通訊了，這就逼得軍用通訊技術的提升。

如今由於武器的改進，戰爭打法也變了，作戰單位也由一萬的師，縮減為 5000 人左右的聯兵旅。

比如伊拉克戰爭時，美國派出的是精銳作戰旅，人員三千多，但武器增加了三倍多，這就帶來了「軍事事務革命」。現在世界各國都進步了，所以習近平一定會搞軍事改革的。

軍改使結構扁平化

對於大陸軍隊改革為何效仿美國，中共軍中太子黨劉亞洲在新書《精神》中曾透露，「中國不能與美國為敵，中國軍隊卻一定要以美軍為敵」。他認為，美軍在戰爭思想、作戰理論和技術戰術等方面遠勝其他國家，可以擊敗世界聯軍；所以，大陸軍事改革的突破口，在於學習美軍的長處，從觀念上改變和保持軍隊優良傳統。

關於新型戰爭下對軍隊人員的配置和壓縮，美國華府中國問題專家石藏山補充說，以美國王牌軍隊海軍陸戰隊為例，十年前他們有大約 2.4 萬人，其中真正參與戰鬥的是 1.5 萬士兵，而剩下的 0.9 萬是後勤，管指揮、補給、醫療等。等到了數字化革命後，海軍陸戰隊的士兵只有 5000 多人到前線作戰，這相當於兩個旅的兵力，但美軍總體人數並沒有減少太多，他們有一萬多人在自己的營地裡操縱無人飛機、搞電腦操作，負責通訊、做戰場形勢圖等分析工作。

也就是說，一個前線士兵，後面有三個人在給他做信息技術支援，加上攜帶的武器先進，所以這個士兵就能以一當十，以一當百地發揮效力。

現代戰爭是沒有二戰時那種戰線推進、戰線劃分的，飛機可以把士兵空降到敵軍任何一個地方，現代戰爭也就不再是過去那種二維的平面作戰，而是三維立體的。美國擊斃本拉登時，當時奧巴馬坐在華盛頓，就能通過前線士兵頭盔上的攝像頭，看到戰場上的景象，它的作戰指揮系統也就只需要三級：總統—特種兵司令—士兵。比如一旦總統想幹什麼，他的命令下達到作戰司令部，馬上就能傳達給士兵。而在中國，排長把前線情況逐級反饋給團長、軍長，再到總參謀長，最後到軍委主席，這個過程很漫長。

《漢和防務評論》的創辦人兼主編平可夫也認為，此次中國軍隊改革的大方向就是減少中間環節。「使它（解放軍）向扁平化發展。在這個趨勢上，俄軍和美軍一直是這麼走過來的。」

中國落後美國一個時代

近幾十年來，美國軍事的飛速發展，令中共將領非常受刺激。特別是 1990 年的沙漠風暴，美國解放了伊拉克，當時中共軍隊一致認為，美軍會陷入「人民戰爭的汪洋大海」而不能自拔，哪知美軍乾脆利索地結束了戰爭。那時中國連夜視鏡都沒有，更沒有 GPS 導航儀了，當時中國舉國上下非常震驚，所以才緊急開發了「北斗系統」，把很多博士生強徵入役，開始搞軍事現代化。

石藏山最後說，現在中共作戰系統的落後，與美國相差了一代，不是武器的更新換代，而是從「農業時代、工業時代、信息時代」這個角度來劃分，中國依舊是工業時代，而美國早已是信息時代，這是二三十年也趕不上的。

江澤民留爛攤子 400 多小老虎待擒

石藏山還介紹說：中共軍隊先後搞過十次裁軍，1955 年彭德懷時期也搞過軍事改革，建立了軍銜制度等，但等廬山會議後，那些改革都作廢了。鄧小平在改革開放初期搞大裁軍時，也想搞軍改，但當時中國經濟實力薄弱，無力增加軍費，於是鄧小平就不管軍改了。

等到江澤民上任後，這個被劉曉慶諷刺為「從沒摸過槍，聽見槍響就嚇得直哆嗦」的「大肚子叔叔」，為了拉攏收買軍頭，江澤民允許軍隊搞「有償服務」，結果軍艦保護走私、軍車販毒、軍隊房地產公司等「第二產業」蓬勃發展起來，整個軍隊成了貪腐的大本營，結果出現了谷俊山之流的後勤部長倒賣軍隊營房、徐才厚買官賣官，郭伯雄提拔自己人等鉅額貪腐，甚至出現了活摘法輪功學員器官的反人類罪行以牟取暴利。

總而言之，江澤民用「悶聲發大財」的治軍手段，把整個軍隊給毀了。

「九三」大閱兵時習近平宣布裁軍 30 萬，這不是簡單減掉多少人，而是「有增有減」，對整個軍隊體制、編制進行一場從上到下、從裡到外的「立體震盪」。如七大軍區改為四大戰區；將有 17 萬名陸軍軍官被裁減；取消軍級建制，改以師為大單位等。

在這樣的情況下，習近平進行軍事改革與裁軍，可謂一箭雙鵰，既可提高軍隊戰鬥力，又可徹底清除江澤民在軍中的殘留分子。有消息說，習近平已查出 190 多名將軍級軍官屬於可以抓捕的對象，其中有四名是上將。目前已有 45 名軍級以上軍官被查處，這個數字很快將迅速上升。也有消息說，軍紀委查出了 400

多個軍中「小老虎」，等待進一步處置。

各方表態中用詞不同

軍改會議結束後的第二天，11 月 27 日，新華網報導了軍隊各方的反應，雖然都是表示支持，但各自用詞不同，背後的潛台詞也有所不同。

總參謀部、總政治部、總後勤部、總裝備部四總部表態稱，總部機關作為這次改革的重點，要率先改革；要落實軍委主席負責制，「為習主席和軍委牢牢掌握對全國武裝力量的最高領導權、指揮權提供堅強的組織體制機制保證」。

海軍、空軍、第二炮兵、軍事科學院、國防大學、國防科技大學和武警部隊表態稱，把改革的主攻方向放在軍事鬥爭準備的重點難點問題上，放在戰鬥力建設的薄弱環節上。

瀋陽、北京、蘭州、濟南、南京、廣州、成都七大軍區表態稱，面對改革，不能有任何的變通迴避；作為領導幹部要正確看待單位撤併降改、個人去留以及利益調整等。

當天，中共《解放軍報》還發表社論稱，這次軍改是習近平親自領導、親自決策、親自推動；這次改革，推進力度之大、觸及利益之深、影響範圍之廣，前所未有。在此之前，軍報多次發文，警告阻撓者。

比如 10 月 14 日中共 18 屆五中全會前夕，軍報發表題為《面對改革不可「葉公好龍」》的署名文章，披露軍改遭遇到極大阻力，公開「炮轟」軍方阻撓改革的將領，警告說：「再畏首畏尾當斷不斷，就要成千古罪人。」

10月27日至11月12日，軍報推出五篇《面對改革大考，我們如何作答》系列文章，要求必須按照軍委主席習近平的要求，樹立「一切行動聽指揮」的觀念。11月12日，軍委副主席許其亮發表長達6000字的署名文章，強調要積極支持軍隊改革，要求軍隊「強化大局意識」等。11月13日，軍報再次刊文稱，強調中共軍官在重大考驗面前，「要守紀律講規矩」；要「堅決擁護改革」，聽從指揮、嚴守紀律等。

人們不禁要問，誰在阻撓軍改，誰會成為「千古罪人」呢？

范長龍將被許其亮取代

從官方報導中人們看出，身為軍委第一副主席、軍代小組副組長的范長龍，卻沒有在官媒或公開場合表態支持軍改，而排名第二的軍委副主席許其亮卻多次公開表態支持軍改。而且大陸媒體在報導這兩名軍委副主席的排名順序時，正規的應該是習近平如何、范長龍如何，然後才是許其亮如何，但有的陸媒卻把許其亮放在了范長龍的前面。

據消息人士透露，范長龍曾以個人名義上書習近平當局，稱軍中高層存在抗拒心理，如果硬性推行軍改方案，可能不利於軍隊穩定過渡。范建議，軍改實施的具體時間應該至少延後兩個月。

從范長龍的簡歷來看，他是2012年11月4日與許其亮一起被增補為軍委副主席的，那時離中共十八大召開的11月8日只提前了四天，很多人猜測他這個軍委副主席的任命，很可能是中南海兩派爭奪與妥協的結果：范長龍是江派人馬，而許其亮則是胡錦濤和習近平贊同的人選，雙方各出一個。

也就是說，真正阻撓習近平軍改的老軍頭，並不是范長龍，而是其背後的前軍委主席江澤民，以及徐才厚、郭伯雄在軍中的殘餘。

許其亮仕途的「關鍵一步」出現在 1993 年至 1994 年之間。在這一年裡他連續換了三個職務，從空八軍軍長，到空軍副參謀長，再到空軍參謀長，一舉成為大軍區副職將領。這被認為與當時主政軍委的張震分不開。中共 14 大後，根據鄧小平要求，張震力推軍隊官員「年輕化」，許其亮便是其中之一。

2008 年許其亮就著手主抓空軍幹部的作風建設，制定了一系列軍官請客、會客的具體限制要求；同時空軍機關還頒布了 10 項禁酒令。許其亮曾說：「大家都不想跑官買官，不排除有人是不得已而為之。但是我們要保持警惕，萬一明天上了戰場，不要說讓這些人衝鋒陷陣，只怕你要時刻提防這些人在背後打你的黑槍！」

觀察人士稱，兩年後的中共十九大將再現軍委高層調整，根據所謂的「七上八下」慣例，1947 年出生的范長龍將退休；而比他年輕三歲的許其亮將接替范出任軍委常務副主席，成為習近平掌管軍事的第一助手。不過也有消息稱，假如這次軍改范長龍一直不配合習近平，習有可能會用「能上能下」等規矩把范長龍提前拿下去。

軍改後的結果

當時也有消息稱，這次軍改後，習近平將增設一名軍委副主席，三人分別掌管軍事、政工、後勤。如果是這樣，許其亮就可

能擔任軍委常務副主席，排名僅次於習近平。另兩名可能是劉源或張又俠。

據說習近平當局的軍改分三個時段：第一步，2015 年 12 月底開始，主要動軍委直屬機構；第二步，2016 年 1 月底開始，對中共軍委四總部改革；第三步，2016 年 2 月啟動，軍區制改戰區制。

北美政論人士潤濤閣則認為，中共這次軍改有兩個後果：一是軍改能接近美國軍隊建制，達到高效打仗功能，最終倒逼中共內部政治體制改革，以結束絞肉機內鬥專制制度。即國家從專制絞肉機體制走向現代文明政治體制，先從軍隊建制改革入手。

另一個可能是，專制制度不變，軍隊建制改革與政治體制改革不配套，導致軍隊在介入高層內鬥時各行其是而造成民國時的軍閥混戰。因此，軍隊建制改革，必須與政治體制改革配套。

第三節

范長龍要求延期軍改的黑幕

遼寧丹東小孤山農莊屍體案在網上傳出後，被曝這些屍體不是出口做教學標本，而是用來參加屍體展。（AFP）

在準備了一年多之後，2015 年 11 月 24 至 26 日，中共召開軍事改革動員大會，習近平親自動員和解釋新的軍改條例，其中一條要求軍隊停止有償服務，即軍隊醫院（包括武警醫院），不能再對外行醫。目前部隊醫院的病人 90％以上是普通百姓。然而，儘管下面其他人都公開表態支持軍改，但身為中共軍委第一副主席、排名只在習近平之下的范長龍，卻帶頭與習唱反調。

為何范長龍要把軍改推遲兩個月

據說靠江澤民強力推進中央軍委的范長龍，一向以平庸老實著稱，但這次卻冒著天膽以個人名義上書習近平，稱軍中高層存在抗拒心理，如果硬性推行軍改方案，可能不利於軍隊穩定過渡。范建議，軍改實施的具體時間「應該至少延後兩個月」。習近平

原計畫從 2015 年 12 月開始動軍委直屬機構；2016 年 1 月底開始大量裁減和調動軍委四總部，2016 年 2 月啟動軍區制改戰區制。

人們不禁要問，這個方案早在一年多就提出，並經過了軍方各級 860 次開會，這樣反覆修改後的最終版本，為何范長龍還提出至少要延後兩個月執行呢？難道延長兩個月後，反對者就會變成贊同者嗎？周永康、徐才厚、郭伯雄都落馬了，江派的幾次政變都被消除了，在習近平大權在握的情況下，江派爭取兩個月時間做什麼呢？為何范長龍不是對軍改條例提出修改意見，而只是要求延長執行時間？他要拿這兩個月來幹什麼呢？

人們都很困惑，直到 11 月 27 日，「海外追查迫害法輪功國際組織」（追查國際）發布最新調查報告後才赫然明白。

追查國際在「中共活摘法輪功學員器官沒停反增」的調查報告中指出，2015 年 1 月至 11 月間，追查國際對中國大陸部分醫院和器官捐獻機構進行了電話抽樣調查，發現：一、器官移植仍然數量大、等待時間極短、供體充足，無法用沒有規律的捐獻器官來源做解釋。二、官方器官捐獻機構稱：捐獻器官很少、捐成的沒有幾個。三、醫生直接承認中共活摘法輪功學員器官仍在繼續。四、2015 年 6 月後，再次出現活摘器官加快的現象。

有消息說，江派血債幫想在兩個月內用光法輪功器官，從而徹底銷毀罪證，在散夥前再掙一把販賣器官的黑錢。

大陸醫院依舊在活摘器官

器官移植一般分兩大過程：一是從供體上割取器官，這要求在人體心跳死亡後 15 分鐘內，把器官割下並浸泡在零下幾十度

的低溫營養液中。二是在冷缺血不超過 24 小時之內，把器官連接安置在另一個人身上。在國外，為避免出現「為取器官而殺人」的現象，各國器官移植法都規定，判斷腦死亡、判斷可以進行器官捐獻的人，與摘取器官的人，以及實施器官移植手術的人，這幾個人都是不同的人，彼此監督制約。

然而在中國，至今沒有器官移植法，連腦死亡判斷標準也沒有，很多大陸醫院為了招攬有錢人來自己醫院做移植手術，不惜透露業內祕密說，「我們是從源頭拿器官」，這就是說，給受體做移植手術的醫院，直接到供體所在地直接割取器官，再回來將器官移植到另一個人身上。

追查國際的調查報告給出了眾多電話記錄，其中證據序號 66 的採訪是 2015 年 2 月撥打的，接聽電話的是上海復旦大學附屬中山醫院肝臟病理科主任醫生譚雲山。電話中譚雲山說得很清楚：「在（我們這）做肝移植，所有的肝臟供體都是『源頭』拿的。我們當然知道供體是誰，至於法輪功不法輪功，我們不管。」另有該院醫生承認供體就是法輪功學員。在上海都這樣公開說，可見他們是明目張膽地在從事反人類罪行。

在追查報告的證據序號 45 中，2015 年 6 月接聽電話的廣州中山大學第一附屬醫院肝膽外科韓醫生，韓醫生兩次肯定了法輪功學員人體器官庫的存在，以及該院使用的就是法輪功學員器官，他稱該院的何曉順也在做移植。

此外，報告中還提到 2015 年 10 月 12 日接聽電話的華中醫科大學同濟醫院心胸外科二病區宮醫生，亦承認以前用過關押在監獄、勞教所的法輪功學員的器官，現在供體仍然很多。

這三通電話讓人不寒而慄，中共當局從 2015 年初明令禁止

器官移植只能使用捐贈器官後，大陸眾多醫院卻仍在從「源頭」那裡摘取法輪功學員器官，我們不禁要質疑：究竟誰在掌控器官移植供體的「源頭」？醫院？軍隊？還是公檢法？非法關押法輪功學員的器官庫又在哪裡？

《新紀元》在 2014 年 12 月出版的《中共活摘器官》一書中，用大量實例證實了很多法輪功學員被軍隊關在祕密集中營，而武警醫院是最容易獲得法輪功器官的地方。

這也許就是范長龍提出要拖延兩個月搞軍改的關鍵原因：江派妄圖趕在軍改實施之前，將還被關押在集中營的法輪功學員全部活摘殘害完畢，然後銷毀一切罪證。在范長龍的背後，是江派在軍隊醫院的一個龐大的既得利益群。

黃潔夫的前後矛盾

中共對外宣稱，從 2015 年 1 月 1 日起，全面停止使用死囚器官作為移植供體來源，公民器官捐獻將成為器官移植使用的唯一管道。然而這仍然是個欺世謊言。

就在中共前衛生部副部長黃潔夫 2015 年 11 月 19 日獲得菲律賓個人頒發的「顧氏和平獎」之前的 11 月 17 日，《紐約時報》發表了《換個說法，中國繼續摘取死囚器官》文章，引用了黃潔夫曾對媒體說過的話：「死囚犯人的臨刑前真實的良心懺悔，也要尊重他們有捐獻器官的權利。如果是自願，在法律法規完善的前提下，也應可以捐獻。」

此報導引起國際社會很大反響，黃潔夫隨後要求《紐約時報》採訪他，一改之前說法稱：「當前在法律制度尚未健全時討

論死囚是否可以公民身分自願捐獻，本身就是一個偽命題。」並稱，從 2015 年開始中國移植體系內沒有一個器官來自死囚。

這前後矛盾的話，讓人看不清中國器官捐獻的真實情況。有評論稱，那個「顧氏和平獎」是個名不見經傳的小獎，卻被大陸媒體炒作成與諾貝爾和平獎相提並論，有人甚至懷疑這個獎是中共官方出錢或施壓而獲得的，目的是給大陸器官移植遮醜。

不過，這個醜是無法遮住的。在接受陸媒採訪時，黃潔夫無意中說漏了嘴，稱大陸兩個器官捐獻的重要部門紅十字會與國家衛計委協調不順。兩部門於 2014 年 3 月 1 日共同組建的國家器官捐獻與移植委員會形同虛設，「至今都未開過一次會議」。

大陸移植界幾個委員會都很不正規

11 月 20 日，大陸媒體發表《黃潔夫：中國合法移植體系內絕無死囚器官》文章，讀完後給人的感覺卻是：只保證「合法移植體系」不用死囚器官，而不能保證合法體系之外的事。不過，從 1999 年到現在，中共存在過「合法移植體系」嗎？

自從《大紀元》2006 年率先曝光中共活摘法輪功學員器官之後，2007 年在時任總理溫家寶的力推下，中共出台了一個內容非常簡陋的《人體器官移植條例》，根本沒有對器官捐獻做規範。黃潔夫號稱是中國器官移植管理委員會主任，但他對「供體器官可溯源的器官分配與共用電腦系統」（COTRS 系統）的評價是低的，他公開表示，「COTRS 系統強制使用還有阻力，衛生行政部門與紅十字會的合作機制尚未完全建立等等。」

據《大紀元》調查，對移植器官必須嚴格使用 COTRS 系統

分配的要求，僅僅是靠 2013 年 11 月的「杭州決議」，並無法律上的強制性，而發表該決議的「中國人體器官移植臨床技術應用委員會」後來還被裁併了，甚至所謂的業務主管「中國人體器官捐獻與移植委員會」，還是於 2014 年 3 月滯後才成立的。

據新華社消息，2014 年 3 月 20 日，中國醫院協會人體器官獲取組織聯盟（中國醫院協會 OPO 聯盟）在廣州成立，聯盟主席黃潔夫說，聯盟的成立標誌著我國的器官獲取組織有了行業管理組織，有利於統一管理和行業自律。然而半年多後的 2014 年 11 月 25 日，新華社又報導說，「中國人體器官獲取組織聯盟日前在武漢大學中南醫院成立並召開第一屆籌委會。」

「中國人體器官獲取組織聯盟（OPO 聯盟）執行主席、中南醫院器官移植專家葉啟發教授介紹，人體器官獲取組織（OPO）主要由人體器官移植外科醫師、神經內外科醫師、重症醫學科醫師及護士等組成。當器官捐獻志願者成為潛在捐獻人後，OPO 將負責進行醫學評估，與家屬簽訂合法文件，將相關信息錄入中國人體器官分配與共用系統，獲取、保存器官後，按分配結果把器官運送到等待接受移植者所在醫院。」

也就是說，這個器官獲取聯盟，先在廣州成立，後來被取消了，八個月後又在武漢成立。按照葉啟發教授所稱，OPO 決定了中國絕不會有移植醫院去「源頭」拿器官的事，但上海幾家醫院不就從「源頭」拿器官嗎？無論中共在國際社會搞出多少獎項，發表多少論文，或得到所謂多少外國專家的認可，中共器官移植黑幕依舊是鐵幕重重。

無錫醫院副院長：「用犯人的肺，今年比去年多」

2015 年 8 月 13 日，中共「肺移植手術第一人」無錫市人民醫院副院長陳靜瑜在微博中公開稱「原來想今年取消死囚供體肺源少了，誰料現在三天一台肺移植較去年反而更忙了。」

一個多月後的 10 月 4 日，陳靜瑜還在微博上發帖講述了其團隊千里取肺的經過：10 月 2 日，一份在廣西捐獻的肺，要在七小時內趕到幾千里之外的江蘇無錫，移植給受捐贈者，分秒必爭。然而，距航班起飛只剩 15 分鐘時，醫院的取肺團隊才趕到機場，被航空公司拒絕登機，最終在延誤了約一個半小時後改簽其他航空公司班機才成行。他建議「建器官運轉綠色通道，民航局該做點事情了。」

在 11 月 17 日接受《紐約時報》採訪時，陳靜瑜承認他用的肺基本來自死刑犯。與此同時，黃潔夫也公開表示，犯人也是公民，也能捐助器官。

從人倫的角度上說，犯人因其特殊處境，他沒有自由選擇捐還是不捐，因此國際社會禁止死刑犯「捐獻」器官。然而，類似的不自由選擇也同樣發生在大陸的醫院。從人權角度上看，中國本來就是一個大監獄，裡面生活的人都沒有真正的自由。

大陸醫院裡的強迫「捐獻」

以前《新紀元》報導過，自從黃潔夫搞捐獻後，中共利用中國貧富懸殊、醫療昂貴的特點，逼迫窮人捐器官。

比如來了個患晚期乳腺癌的農村婦女，為了逼迫她同意捐器

官，醫院故意告訴家屬欠了幾十萬的醫藥費，人是救不活了，可憐孩子還這麼小，怎麼辦？於是當地紅十字會就出面協同搞欺騙威逼，他們對病人說：「假如你同意捐器官，你的醫藥費醫院會減免，你死後還給你孩子 2 萬人民幣的人道贊助。」病人被逼到走投無路的地步也就只能答應了。於是，近年來大陸器官「自願捐獻」開始增多，據說 2015 年有 2500 人捐了器官，從 2012 年以來，全部有 4700 多人捐獻了器官。

黃潔夫公開表示，中國每年死在 ICU 搶救室的人是 600 多萬，只要有千分之一的人同意捐獻，大陸移植界就夠用了。然而，中國現在連腦死亡的判定標準都沒有，也沒有器官移植法、器官捐獻法，所謂心臟呼吸死亡的判定標準等，都因沒有規定、沒有監督，醫院可以為所欲為地強行摘取器官。大陸都出現了城市病人去醫院摘除盲腸後、一個腎被醫生偷走的現象，如何保護更多弱勢群體的器官，也就更成問題。

法輪功依舊是被活摘的主體

然而在大陸移植醫生的眼裡，「最弱勢的群體」就是被黃潔夫等人稱為「死刑犯」、而又沒有經過任何司法審判就莫名失蹤的法輪功學員。他們被醫生稱為死刑犯，但他們按照「真善忍」做好人，根本沒有違背任何法律，他們就因為「打不還手，罵不還口」，從而被江澤民認為是最安全的鎮壓對象。於是，在薄谷開來、薄熙來、周永康等人的推動下，江澤民批准了對法輪功的「器官利用」，這從總後衛生部前副部長白書忠、政治局常委張高麗，在接受追查國際的電話調查錄音中，清楚地表達出來了。

2013 年 12 月 12 日，歐洲議會通過正式決議，譴責中共活摘法輪功學員的器官。從那以後，習近平當局開始調查軍隊醫院，有內部消息說，結果令高層非常震驚。

范長龍與小孤山屍體加工廠的地緣

回頭再來看范長龍為何敢於抵制習近平的軍改。據香港《大紀元》發表的伍彥旭《活摘器官是軍改的核心問題》一文，分析推測說，「2015 年 6 月後，中共再次出現活摘器官加快的現象。這背後很可能是江派勢力在拖延時間，妄圖趕在軍改實施之前將還被關押在集中營的法輪功學員全部活摘殘害完畢，然後銷毀一切罪證。」

從聽命於江派這個角度來說，范長龍有可能會按江派的指令去做。

此外，范長龍 1948 年出生在遼寧丹東的東溝縣大孤山鎮西關。提起丹東大孤山，關注活摘器官報導的讀者們可能會想到丹東小孤山農家小院發現 30 多具屍體的事。

《遼瀋晚報》2006 年 5 月 20 日報導，遼寧丹東市郊區樓房鎮小孤山七組的村民向當地公安局報告，在村裡一個出租的農家大院裡發現了 30 多具人的屍體，主要是中年人和年輕人，男的女的都有，但沒有老年人的屍體。

這些屍體是從哪來的呢？遼寧官方馬上稱是醫學標本，但一位曾在大連醫學院工作的醫生表示這絕對不可能。標本來源一般有三種，一是病人在醫院去世後，同意捐獻遺體，二是由死刑犯捐獻的，三是公安提供的一些不明屍體，但所有這些屍體都會在

醫院及時處理，不可能流失到農村，而且一次就在偏僻農家大院發現 30 具人體，數量之多，必有黑幕。

此前《瞭望東方周刊》女記者于津濤先後兩次報導了大連有個神祕的屍體加工廠。在 2003 年 11 月的《屍體工廠調查》和 2005 年 10 月的《大連屍體工廠依然神祕》中，揭露了很多異常現象。

小孤山農莊屍體案在網上傳出後，引起國內外普遍關注。兩天後，大陸媒體統一口徑稱是商業用標本，出口到國外；但《華商晨報》在 5 月 22 日以《遼寧丹東神祕小院將屍體做標本銷往海外》為題，暗示屍體不是出口做教學標本，而是用來參加屍體展。

《新紀元》周刊在第 288 期（2012/08/16）的封面故事中，獨家揭密了「薄谷開來的案中奇案 金蟬脫殼 用謀殺掩蓋活摘器官和屍體販賣」，詳細記錄了《大紀元》特派記者的調查，並質疑薄谷開來與此事有關。（http://www.epochweekly.com/b5/290/11115p5.htm）

令人奇怪的是，這樣一個轟動全城的新聞，加上處理屍體把村裡的地下水都變臭了，村民一再告狀，最後都不了了之，由此可見這家農戶很有背景。從地圖上看，發現屍體的丹東樓房鎮，離范長龍的出生地丹東孤山鎮相距一個多小時的車程，或在其親朋好友密集交往的範圍中。

范長龍 1995 年在長春任第 16 集團軍軍長，2000 年任瀋陽軍區參謀長，兩年後晉升中將。也許因為是徐才厚的遼寧老鄉，2003 年 12 月，范長龍被提拔為解放軍總參謀長助理；2004 年 9 月，轉任濟南軍區司令員；2008 年 7 月 15 日，晉升上將軍銜；2012 年 11 月 4 日，增補為軍委副主席，接下徐才厚的班。

第四節

江綿恆換腎
與中共權貴摘器官續命內幕

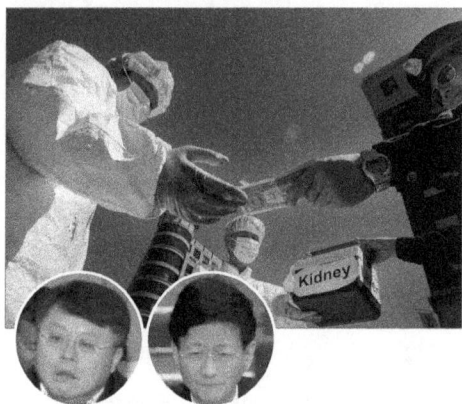

江澤民兒子江綿恆（左下）從 2004 年
到 2008 年在南京醫院三次換腎，共殺
了五人，一手為他操辦的人是孟建柱
（右下）。（新紀元合成圖）

　　2017 年 9 月份，離中共十九大召開只有一個月。此時，逃亡
美國的中國富商郭文貴，大曝中共高官為何得了癌症還活著的祕
密。因為他們可以換器官續命，「活摘器官，按需殺人」。他曝出，
江綿恆換腎三次，殺了五個人；孟建柱為母親換腎，殺囚取器官；
李友換肝，供體選了幾十個。

　　無獨有偶，在互聯網上，這兩天出現了「國安委骨幹與某紅
二代的神祕對話」。對話內容顯示，中共領導們都有幾千億甚至
上萬億的財富，他們不但想長生不老，而且什麼器官都想換，換
完內臟再換腦器官。中國最大的資源是人口，14 億人就是他們豐
富的供體。

江綿恆換腎 多個信息源涉及

郭文貴在 2017 年 9 月 1 日的直播中指控，現任政法委書記孟建柱是江澤民的家臣。江澤民長子江綿恆 2004 到 2008 年在南京醫院幾次換腎，都由孟建柱、上海政法委領導和軍隊幾個領導在背後組織、選人、為腎配對。孟建柱 1996 至 2001 年任上海市委副書記，2001 至 2007 年任江西省委書記，2007 年開始任公安部部長，一路升遷，官至政法委副書記、書記、政治局委員。

郭文貴還爆料，江綿恆換腎，「為什麼換三個腎，卻殺了五個人？因為那兩個殺錯了，配對配不好。」

江綿恆換腎一事，並非空穴來風，此前已有多個媒體報導他患上了腎癌。

據維基解密爆料，美國駐上海總領事館 2007 年 12 月 4 日發出電文，引述南京大學一名顧姓教授的話透露，江澤民原有意在政治上積極扶植長子江綿恆，但因江綿恆身患腎癌，動過至少兩次手術而作罷。

香港《前哨》雜誌 2015 年 3 月號披露，2004 年，江綿恆查出腎癌，在上海摘除了一個腎。文章還指，時任上海書記陳良宇沒有去看望江綿恆，直到江綿恆出院才趕去，江澤民對此不滿。海外《人民報》網站 2005 年 12 月也有報導，江綿恆當時因患腎癌在醫院做手術。

「活摘器官 按需殺人」

換腎的不光是江綿恆一人。郭文貴還爆料，孟建柱的媽媽又

換肝又換腎，孟建柱的妻子也換過兩次腎。為尋找活腎，孟的心腹孫力軍等人從獄中積極找囚犯配對，殺人取器官，並一度為此殺錯了人。為掩蓋真相，他們又將為孟母做手術者和知情者都滅口。孫力軍現為公安部副部長兼公安部一局局長，是孟建柱的前祕書。

3月份，郭文貴對《大紀元》記者爆料，方正集團原董事李友換肝涉活摘器官。李友為了換肝，前後選了幾十個供體。

郭文貴在視頻中多次指控中共權貴「活摘器官，按需殺人」。他舉過這樣一個例子：一個新疆的21歲小夥子，因為住酒店時使用了假身分證，被抓住以後，被驗出他的腎和某領導的家人匹配，結果他被以涉嫌恐怖主義要搞爆炸的罪名，判處死刑。他的腎就這樣給換走（盜走）了！而他的肝則給了另一個領導的家人。

那些因為器官被殺害的人的家屬，有的已經到了國外，有的還在國內。郭文貴表示，未來想請他們在「全球發布會」上爆出真相。

外界一直傳孟建柱和周永康不和。郭文貴9月15日在視頻中爆料稱，周永康聽說孟要「弄他」時，周大笑說：「你知道我當年在冶金部的時候，管土地資源的時候，我送給江澤民和老常委、新常委的人，一車一車的高含量的金屬、含金石，哪家沒有十幾車啊？他們哪家沒幾條命案啊？！他們換那肝，換那腎，都哪兒來的？不都是殺的新疆人嗎？不都是抓的那些年輕人嗎？武警部隊裡邊兒，那麼多人換血給他們家裡邊兒，養著他們。殺我周永康？過來試試？我讓他們都先死！」

換器官續命 中共權貴的福利

有網友在郭爆料後留言說：「江綿恆換腎換器官，那只是中共暴政下的冰山一角，而中共歷來至今老革命老幹部老領導黨國前任現任，哪個不是通過更換器官，更換新鮮血液延年益壽，其實換器官，更換新鮮血液，是黨國統治者們的醫療福利，按級別大小，按家族祖輩身分等，享受不同的醫療福利保障。包括特供產品等。」

9月20日，互聯網上出現「大舌頭的神祕錄音」，也有稱「國安委骨幹與某紅二代的神祕對話」。對話稱，中共統治者爬到頂尖位置後，就只有兩個目的：一是保持政權的永久穩固，二是琢磨如何長生不老，怎麼能活得更長、更高質量地活下去。為了延長壽命，可以不惜一切代價。

對話中提到，中國最大的資源就是人口，那是取之不盡、用之不竭的 DNA 儲存庫。領導們都有幾千億、上萬億元的巨額財富，現在科技發達了，有了那麼多錢後，不但想長生不老，而且什麼都想換，換完內臟換腦器官。人在接受器官移植後，會產生很複雜的排斥反應，因此需要定期地換血清、換血，而部隊裡的年輕戰士就是第一梯隊，他們的血清被源源不斷地、無償地輸送給中央領導們。

2017 年 8 月 20 日，郭文貴預告他將在 9 月份爆「猛料」時，這樣質問道：「為什麼有些領導他們得了癌還活著啊？為什麼他們的孩子得了癌還活著啊？為什麼他們在南京一個人換腎能幹掉七個人的腎啊？最後讓他還活著，多活了二十幾年了！為啥啊？器官移植！這不是假的。為什麼李友能器官移植啊？為什麼啊？器

官移植為什麼兩三次啊？李友都十幾年得了肝癌了！為什麼啊？」

種種跡象表明，為了給中共權貴階層服務，活摘器官在中國形成了國家產業。「追查國際」的報告揭示：中國存在著龐大的活人器官供體庫，以法輪功學員為主體，同時也有藏族、維吾爾族、基督徒和其他中國人。活摘器官是以江澤民為首的中共集團操控整個國家機器而進行的，黨、政、軍、武警、司法和醫療系統等都有涉入。他們對普通百姓進行隱祕屠殺、盜取器官，從而為中共權貴的健康和利益服務。

兩個腎病名醫跳樓身亡

郭文貴在 9 月 6 日直播中還指控說，馬航失聯是一起「政治暗殺事件」。原因是江綿恆曾以化名找權威換腎，但是過後，捐腎者、操刀醫生和家人都死亡。他說，失聯的馬航飛機上有不少乘客是和江家、孟家換腎有關的人員，還有公安部一局、三局的人員，但是死後卻被當成平民身分。因此，這一事件涉及江家殺人滅口。

郭文貴指稱，南京軍區總醫院副院長黎磊石就是給江綿恆、中央政法委書記孟建柱家人換腎臟的醫生。「怎麼跳樓了？為什麼沾上江家就跳樓呢？為什麼上海醫院李保春也跳樓呢？是誰給他推下樓的？」

郭提到的黎磊石和李保春兩人，都被「追查迫害法輪功國際組織」列為活摘器官責任人而進行追查。離奇的是，這兩人都以跳樓的方式結束了生命。

黎磊石堪稱中國腎移植的鼻祖。官方媒體報導他的頭銜包括：

中國工程院院士，解放軍腎病研究所所長，南京大學醫學院臨床學院副院長、教授，國際著名腎臟病專家，中國腎臟治療創始人，一代醫學宗師。官方媒體還報導，2004 年，在他和學生進行的腎移植手術中，人、腎存活率達 100％。可以推測，以江綿恆父子在中國的權勢，為江綿恆換腎，非請黎磊石不可。

據香港《明報》2010 年 3 月底報導，當年 3 月 16 日，84 歲的黎磊石從南京自家 14 層高樓縱身躍下，當場身亡。但官方僅稱黎「因患腫瘤長期醫治無效與世長辭」。事件在當地民眾間引發各種議論。有關黎磊石跳樓的信息，記者在截稿時還可以在百度百科查到。

李保春也是著名的腎臟病學專家，中國透析移植協會委員，上海長海醫院腎內科主任、主任醫師、教授、博士生導師。據《揚子晚報》2007 年 5 月 24 日報導，2007 年 5 月 4 日下午 4 點左右，李保春從上海長海醫院大樓 12 層跳下死亡，年僅 44 歲，正處在事業黃金期。家人對他的死「十分悲哀，難以接受」，「妻子邱璐一直死死抓著遺體不讓送進棺木，在釘入棺木的一刻發出聲嘶力竭的哭喊聲。」

郭文貴怎麼會了解江綿恆、孟建柱家換器官的內幕？他說他親自參與過。他在 9 月 1 日的爆料視頻中說：「法輪功原來說換器官，我原來以為是假的。現在（相信）是真的！我想很多話我還不能說。我就親自參與過這樣的事情，我就親自參與過！我未來講！」

郭文貴從江派陣營倒戈，令外界得以窺探江派黑幕的一角。中共活摘器官的罪惡，是否還會有更多真相曝光，且等郭文貴、「張文貴」、「劉文貴」等的「下回分解」。

范長龍上將也出事了

第七章

范長龍牽扯政變祕聞

傳聞房峰輝被移送軍事檢察機關後，牽出范長龍不少事。由於房峰輝和張陽是因為搞政變而突然被查，如今房峰輝牽出范長龍，范恐也涉及政變。而早在 2014 年徐才厚落馬後，海外就傳徐一手提拔的鐵桿親信范長龍「要出事」。

房峰輝公開落馬後，范長龍被查細節隨即傳出。房峰輝供出范長龍等幕後人物的貪腐與政變罪行的跡象已很明顯。（AFP）

第一節

范長龍被查祕聞 也牽扯政變

中共中央軍委原副主席范長龍
2018 年 1 月中旬也傳出遭立案
審查。（Getty Images）

　　2018 年 1 月 13 日，就在官方宣布審查房峰輝的五天後，海外 Twitter 帳號 @freedom9134564 在貼文稱，大陸紅二代微信圈傳出消息：剛卸任的中央軍委副主席范長龍被立案審查；消息還稱，「早先的內部傳言是范長龍吐出贓款 4500 萬元人民幣，降為副兵團級退休，免予追究。現在看來他還是難逃習近平的懲罰。軍隊將領無人不貪。」

房峰輝牽出范長龍 涉及政變？

　　1 月 14 日《星島日報》也指，范長龍已被立案審查。范長龍成為中共十八大以來繼郭伯雄、徐才厚之後，第三名落馬的中共軍委副主席。報導引述消息人士的話說，已經落馬的房峰輝被移送軍事檢察機關後，「牽出（范長龍）不少事」，當局於是決定

拿下他。

《新紀元》周刊此前在報導張陽自殺時就質疑，即使查出貪腐問題，他完全可以到秦城養老，為何要自殺呢？很可能是不願被追問有關政變以及政變背後的同謀主使，為了保護他人而選擇自殺或被自殺。張陽作為政治部主任，其頂頭上司就是范長龍。范長龍與張陽的死有直接關係。

由於范長龍已經吐出贓款 4500 萬元人民幣，而房峰輝和張陽是因為搞政變而突然被查的，如果說是因為房峰輝而牽出范長龍，那很可能范長龍也涉及政變，由軍委副主席挑頭的政變，比參謀長挑頭更有實力和召喚力，看來范長龍至少是政治問題大於經濟問題。1 月 14 日據《蘋果日報》報導，自 2014 年徐才厚落馬後，海外就傳范長龍「要出事」，指范是徐一手提拔的鐵桿親信，兩人不僅是東北老鄉，徐當時是軍政治部主任、軍政委，是范直接上司。范曾經親自開車護送徐回老家探親，又組織士兵用軍隊物料將徐老家舊宅整修一番。徐任中央軍委副主席後，提拔范任 16 軍軍長，後又委以瀋陽軍區參謀長、濟南軍區司令等要職。

另據海外中文網報導，范長龍已被軍紀委立案調查。張陽和房峰輝被查後，現在就是查范，但對范的問題，查到什麼程度，給他降級處理或像房峰輝一樣送上軍事法庭處理，還不清楚，但對范貪污腐化的材料已掌握得非常紮實。

報導還稱，范長龍的姐妹在東北或山東租了一些田地，生產比較特殊的食品、糧食及蔬菜，這些東西直接提供的對象就是徐才厚，范是徐才厚精心培養的作為他軍隊力量的延伸。

范長龍出事 大陸罕見未屏蔽

　　《大紀元》記者 2018 年 1 月 18 日發現，大陸最大搜尋引擎百度罕見沒有屏蔽范長龍落馬的消息，相關報導在大陸網上可以正常打開。

　　如在百度上輸入港媒報導的《中央追打「軍虎」軍委副主席范長龍傳被查》的文章標題，立即出現 61 條相關消息。其中前一、二條是路透社的報導，且都能打開。

　　新加坡《聯合早報》1 月 18 日援引北京有關人士的分析說，這從側面證實范長龍「出事」的機率較大。報導說，范長龍落馬的消息，大陸一直沒有屏蔽，這從側面證實范長龍已落馬。

　　1 月 9 日，中共軍委委員、軍委聯合參謀部前參謀長房峰輝被通報落馬，並被移送軍事檢察機關處理。當天，軍報就說，雖然房峰輝、軍委政治工作部前主任張陽等人落馬，但「腐敗鬥爭任重道遠」。

　　1 月 11 日，習近平在中共 19 屆中紀委二次全會上強調，反腐敗要有「狹路相逢勇者勝」的鬥爭精神，堅定不移抓下去。《人民日報》1 月 17 日刊發評論文章說，反腐敗要繼續。

　　《聯合早報》報導，上述說法，都顯示高層可能會繼續揪出「大老虎」，范長龍被查的消息並非空穴來風。

　　同時，據港媒披露，范長龍在恆豐銀行任職的兒子傳已失聯，且恆豐銀行董事長蔡國華早前受查，恆豐銀行為范家洗錢的事不脛而走，估計范長龍已是凶多吉少。

范長龍是徐才厚的頭馬

自 2014 年徐才厚落馬後，海外就傳范長龍「要出事」，指
范是徐一手提拔的鐵桿親信。

1947 年 5 月出生的范長龍，遼寧東港人，22 歲入伍參軍，
一步步從基層上來。在徐才厚的提攜下，46 歲時范長龍擔任第
16 集團軍參謀長，兩年後晉升為第 16 集團軍軍長，同時晉升少
將軍銜。

2000 年，徐才厚升任總政治部常務副主任後，范長龍也扶搖
直上，2000 年 12 月，53 歲的范長龍晉升任瀋陽軍區參謀長，首
度出任副大軍區職務，兩年後，他晉升中將軍銜，並首度進入中
央委員會，當選中共第 16 屆中央候補委員。

此後范長龍的仕途一路順遂，任瀋陽軍區參謀長三年後，即
擔任總參謀長助理，輔佐時任總參謀長的梁光烈。一年後，57 歲
的范長龍首次擔任正大軍區級職務，輪調擔任濟南軍區司令員。

2007 年范長龍又成為中共第 17 屆中央委員，並在 2008 年年
滿 61 歲時獲頒上將軍銜。范長龍擁有不同軍區的輪調歷練（瀋
陽軍區、濟南軍區），又有中央委員台階，是當時七大軍區司令
員中少數具有上將軍銜者。

據說范長龍性格圓滑，很會拉關係，與軍中大佬關係良好。
據悉，中共前國防部長、江派軍頭梁光烈和前軍委副主席張萬年
都「頗欣賞范長龍帶兵經驗」。范長龍在擔任 16 軍軍長時期，
正值 1998 年洪災爆發。江澤民趁機靠調動軍隊鞏固兵權，范長
龍被任命為吉林「西線抗洪總指揮」。「抗洪」過後，范就連跳
三級，從軍長越級升任瀋陽軍區參謀長，當時的瀋陽軍區司令員

正是梁光烈。在汶川地震中，范長龍也是聽命於徐才厚，而不聽溫家寶的指揮。

范與徐聯手欺騙習近平

海外媒體稱，范長龍是徐才厚「頭馬」，最信任的接班人。2012 年十八大，已經 65 歲的范長龍以「爆冷」姿態，由濟南軍區司令員破格升任中央軍委排名第一的副主席，並晉身政治局。按以往慣例，軍隊幹部在擔任軍委副主席之前，都要做過軍委委員，再晉升副主席。

報導指，習近平雖大學畢業後曾任軍委祕書，但時間短，在軍中並無人脈；十八大上台後要掌軍隊，軍中並無自己人，習曾派人對當時五大軍區司令進行幕後調查，因習不太信任當時軍委總部那些跟他太接近的人，欲從各大軍區物色人選。

當時準備交班的徐才厚向習吹耳旁風，指五大軍區司令中，范已準備告老還鄉，不但把辦公室用品都全部打好包，甚至還買好了外國進口的釣魚竿，準備享受退休後的悠閒生活。范也對別人放風稱，這是他的「最後一站」。

報導稱，或許「說者無意聽者有心」，習近平聽進去了，認為范長龍「沒有野心和企圖」，正是他所需要的，於是「五馬進京」任職中央軍委同時，還刻意提拔了范當軍委副主席。

哪知習近平被騙了，那個最後一站的故事是徐才厚編出來的，因為他知道習近平不信任江澤民提拔的人，十八大習在無人可用時，只想找一個人過渡一下，十九大再把自己看中的人扶上軍委副主席。

《東方日報》1月16日的文章說，在2012年11月召開的中共十八大前夕，范長龍已屆退休年齡，但徐才厚為防止遭清算，特意推薦范長龍擔任軍委副主席，為自己保駕護航。習近平為了順利召開中共十八大，先行接任總書記一職，不得不接受范長龍。但習近平軍中最信任的是許其亮，對范長龍毫不信任。

「總參倒徐鐵血團」越級兵諫

據《總參少壯派兵變》一書披露，在徐才厚倒台之前，軍中的總參作戰部少壯派組成的「總參倒徐鐵血團」，一直對徐才厚及郭伯雄等「軍老虎」的倒行逆施、阻撓調查「軍老虎」谷俊山很不滿。

在2013年春，總參作戰部一個大校以上官員組成的政治學習小組因要扳倒徐才厚而得名「總參倒徐鐵血團」。這個團體的領頭人是習的親信、總參作戰部部長饒開勛，背後是太子黨大佬葉選寧等撐腰。

當時，「總參倒徐鐵血團」收集整理了徐才厚和郭伯雄對抗軍委命令，阻止軍紀委徹查谷俊山案件的12次違抗習近平命令的證據，他們欲將這份材料當面交給習近平。

2014年2月底在西山舉行了一次軍委內部擴大會議，「總參倒徐鐵血團」一度試圖在這次會議上將這些材料當面交給習近平。但因習突然宣布不參加會議，使得這些軍官們預定的這次行動「流產」。

2014年3月3日，習近平出席完中共政協會議後，順道前去視察總參作戰部的人防情況。中共軍隊「西山指揮所」即總參作

戰部駐地，位於北京市海淀區廂紅旗董四墓村西南的金山上。

過程中，十幾個少壯派軍官趁機向習近平訴說了「老軍頭」徐才厚、郭伯雄勢力壓制軍中改革的現狀。饒開勛把「意見書」拿了出來，列數徐、郭在軍隊內部貪贓枉法、巧取豪奪的事例。

也許聽到徐才厚、郭伯雄的惡行，習近平太氣憤了，當時習激動地不小心把自己桌上的杯子碎到地上，水濺了一地。這時習的幾名隨身衛士迅速查看現場，沒發現大礙後，要求大家回到座位，而匆匆進門的房峰輝看到地上的碎玻璃，一臉不快。

據當時在場的習的隨行人員說，從現場情況看，儼然就像一番「兵諫」。隨後軍委副主席范長龍回到作戰部，對饒開勛進行痛斥。范長龍要求所有參加和習見面的人都寫檢查，並成立一個調查組調查此事。

房峰輝送完習也回到現場，表示支持范長龍的決定。房峰輝還限令饒開勛做檢查並要對整個事件負全責。後來，習近平得悉此事，急忙出面制止，還訓斥了范長龍一頓。

按照中共逐級上報的原則，那些總參將領應該通過房峰輝、然後是范長龍去給習近平匯報情況，然而他們卻越過這兩人，在少壯派軍官眼裡，這兩人就在阻擋對徐才厚的調查，因此他們才冒死兵諫習。

如今饒開勛已被習近平提拔為戰略支援部隊副司令，那些少壯派軍官們也都平安無事，有的還被重用。

四年前習就不信任范長龍

范長龍在 2017 年 10 月的十九大上到齡退休，不再擔任中共

中央軍委副主席、政治局委員，但 2018 年 3 月的兩會上才卸任中共國家軍委副主席。雖然當局沒有通報范長龍落馬的消息，但早在四年前，中共軍隊改革領導小組排名就顯出異象。

2014 年 3 月 15 日，習近平當局成立了軍改領導小組，並召開了軍改領導小組第一次全體會議。習近平任組長，排名第二的軍委副主席許其亮任軍改領導小組常務副組長，排名第一的軍委副主席范長龍卻為副組長。

外界當時就認為，這個排名不同尋常，顯示了習近平對許其亮的信任。

2015 年 11 月 24 日至 26 日，軍委主席、軍改領導小組組長習近平主持召開了中央軍委改革工作會議並發表講話，官媒再次強調了軍改領導小組架構：習近平任組長，常務副組長是許其亮，而范長龍是第二副組長。官媒還稱許其亮實際負責軍隊改革。

范長龍抵制軍改

2015 年 9 月 3 日北京大閱兵時，習近平宣布裁軍 30 萬。但中共軍改遭遇到極大阻力、遲遲不能展開，為此，中共軍報從 10 月 14 日至 11 月 13 日，接連發表近十篇文章，公開「砲轟」阻擾改革的將領，警告說：「再畏首畏尾當斷不斷，就要成千古罪人。」文章要求軍方要按照軍委主席習近平的要求，要「堅決擁護改革」，要「一切行動聽指揮」等。

但就在此時，據中南海知情者 2015 年 11 月 13 日透露，中共軍委第一副主席范長龍以個人名義上書習近平當局，建議軍改延後。

知情者說，范長龍認為，由於此次軍改動作太大，軍隊中高層反應非常強烈，普遍存在抗拒心和疑慮。如果硬性推行軍改方案，可能不利於軍隊穩定過渡。范建議，軍改實施的具體時間應該至少延後兩個月。

據海外中文媒體報導，2015年11月召開的軍改會議原定會期一天半，24日上午開幕，25日上午結束，由於部分高級將領提出「不同看法」，延遲至26日才結束，時間整三天，比原先多一倍。據稱習近平在會上發了狠話：「誰反對軍改，就是反對軍隊進步，誰就下台！」

知情人士稱，對軍改方案有看法的，包括軍委第一副主席范長龍。

《東方日報》說，如果回頭看，不難發現中共十八大中央軍委的班子大部分都還是郭伯雄、徐才厚的人馬，比如郭伯雄嫡系包括總參謀長房峰輝、現任國防部長常萬全，而徐才厚的嫡系包括軍委副主席范長龍，總政治部主任張陽等。

這些人掌握軍令、軍政、軍紀大權，可謂位高權重，隨時可以架空習近平。但沒想到習近平對軍隊進行體制性大改革，使這些郭、徐人馬的權力大大縮水，而且還逼他們反老領導，清算同盟軍，等到羽翼剪得差不多時，再一舉收網。

六個軍委副主席不得好死

對於范長龍的被查，中央社評論說，軍委副主席成了中共史上最高危職務，由於內鬥，毛時代至少有六人死在任內，他們是高崗、彭德懷、劉少奇、賀龍、陳毅、林彪。

軍委副主席成了中共史上最高危職務，由於內鬥，毛時代至少有6人死在任內，他們是高崗、彭德懷、劉少奇、賀龍、陳毅、林彪。（新紀元合成圖）

中共建政時，毛澤東任軍委主席，時任軍委副主席的高崗，接連被老毛等黨內高層不點名批判，最終是選擇了自殺。

在 1945 年到 1954 年，救過毛澤東一命的彭德懷任職軍委副主席。但是因為公開批評老毛的大躍進餓死幾千萬人，讓老毛很不高興，於是開始了對彭德懷的批鬥。1959 年，彭德懷被削去了軍委常委、國防部長等所有職務，在文革中被鬥死。

文革前劉少奇也是軍委副主席，1966 年 12 月，當局稱「劉少奇是黨內的赫魯曉夫」，1968 年的中共八屆十二中全會上通過了《關於叛徒、內奸、工賊劉少奇罪行的審查報告》，1969 年 11 月，劉少奇慘死。

文革時，軍委副主席賀龍和陳毅也因為病重沒有得到妥善治

療，先後死去。林彪雖然被老毛指定為接班人，不過他卻死得最慘，死時也是軍委副主席。

再加上 2014 年東北虎徐才厚落馬，調查期間被膀胱癌取了性命。然後是西北狼郭伯雄在 2015 年落馬，現在正被關在獄中。如果再加上范長龍，那就是九位軍委副主席結局不妙，這也印證了《九評共產黨》所揭示的共產黨內鬥的必然天性。

范「露面」張又俠訓話

就在人們猜測官方何時公布范長龍被查時，1 月 18 日，中共軍報在內版的文章中，很低調的引述范長龍在前年一個會議上的講話。這個講話是他和另一名軍委副主席許其亮一起，就落實習近平軍隊要打勝仗指示的講話，文中特別點出范長龍是作為中央軍委副主席出席的會議。

軍報這時這麼做，意味著范長龍沒事呢？《大紀元》新聞熱點評論說，「可能未必。它報導的消息是前年的，等於是炒炒冷飯。如果范長龍真的沒事，為什麼不讓他直接露面呢？是不是現在正是被調查階段，不能露面？1 月 17 日，中央軍委紀委剛剛召開了擴大會議，官方報導中並沒有提及范長龍是否參加了會議。如果真的想讓他露面，這不就是一個名正言順的機會嗎？為什麼卻錯過這樣的機會呢？」

文章還說，即使范長龍真的在這個時候參加了什麼活動，也不能說他就沒事了。因為在他前面很多的案例，都是在被傳調查階段露面，要麼參加一個什麼會議，要麼參加什麼活動，可以拉出一長串。像薄熙來、周永康、徐才厚、劉鐵男、宋林、蔣潔敏

等等，都有這種情況。

在 1 月 17 日的軍紀委擴大會議上，新任軍委副主席張又俠在會上強調，要以「習思想」為指導，把中共軍隊「從嚴治黨引向深入」，他還給軍隊反腐下達了任務。

張又俠要求軍紀委從上往下抓，一級抓一級；「老虎」、「蒼蠅」一起打；要求軍紀委官員「提高政治站位」，履行責任。

人們不禁會想，1 月 14 日傳出范長龍被查消息，而 1 月 17 日就召開軍紀委擴大會議，張又俠強調從上往下抓，是否意味著會上內部通報了范長龍被查的消息？軍報內版的那篇文章很可能是范長龍的殘餘人馬的一點反撲而已。而且，范長龍的問題，同張陽、房峰輝一樣，都是政治問題，是政治上對習近平的忠誠出了問題。

習近平無人可用

就在 1 月 17 日這一天，中共軍報發布軍委巡視工作條例全文。在軍隊和武警建立「巡視制度」，設立「專職巡視機構」，重點對軍級以上單位黨委班子及其成員進行巡視，並稱這是習近平的決策。

軍報強調：巡視是政治巡視，過程要「嚴格政治標準」、反饋要「突出政治要求」、移交要「強化政治把關」等等。確保部隊高度集中統一，軍隊要「忠誠」等。

看來，軍中巡視抓虎行動還在繼續，可能不久還會有更多政治老虎落馬。

此前一周多，習近平已經數次公開要求官員保持忠誠。如 1

月 15 日，在中央政治局常務委員會上，習近平要求中共黨組要
「把政治建設擺在首位，堅持正確的政治立場、政治方向、政治
原則、政治道路，確保令行禁止、政令暢通」；中共全黨要把「維
護黨中央權威和集中統一領導」作為「最高政治原則和根本政治
規矩」來執行。

　　1 月 10 日向中共武警部隊授旗的儀式上發表訓詞說：「堅持
黨的絕對領導，堅決聽從黨的號令」；1 月 11 日，習又在 19 屆
中紀委二中全會上要求：「任何時候任何情況下……對黨忠誠老
實，與黨中央同心同德」「黨中央作出的決策布署，所有黨組織
都要不折不扣貫徹落實」。

　　紅二代羅宇分析了當權者處在的困境，經過江澤民腐敗治國
的二十多年實踐，中共官員現在幾乎無官不貪，習近平在這樣貪
腐的群體中很難找到真正可以使用的人才。他說，「現在用的一
些人也只是他此前工作當中認識的這部分人，但也不能保證這部
分人沒有貪腐問題。最大的問題是習近平無人可用。」

　　他強調，「現在習近平找不到一個可以全盤統治中共黨政軍
的理念、信仰或者主義，也就談不上什麼忠誠問題。」中共當局
強調中國特色的社會主義，而中國特色的社會主義就是私有制，
但現在黨刊又要掀起消滅私有制，在那胡扯。他認為，只有逐步
有序的民主化，才能解決中國社會的問題。

拿下范是危機爆發信號

　　時事評論員夏小強在《習近平為什麼必須拿下范長龍？》

一文中說，雖然范長龍不被習近平信任的跡象此前早已顯露，但是這並非構成習必須拿下他的充足理由。因為涉嫌捲入政變的張陽、房峰輝已經在十九大前被緊急拿下，江派在軍中的政變警報已經被暫時解除，范長龍也已經卸任，習近平信任的軍頭紛紛上位等。因此，范長龍「軟著陸」之後退休，也不失為一種可能的政治選擇。

但習近平必須拿下范長龍，因為習近平與江澤民集團進行著生死搏鬥，江派不光腐敗把國家拖入崩潰的邊緣，同時在精神道德和司法公正方面徹底摧毀了中國，這令後續者無法執政。

文章說，迫害法輪功是江澤民留下的最大政治負遺產，維持迫害法輪功，就成了江澤民集團政變奪權的主要目標和動力，這也是中共高層這十幾年來展開生死權鬥的主線和主因。

中共江澤民集團迫害法輪功18年，已經對中國社會的經濟、法制、道德等多方面造成重大致命傷害，也成為中國社會無法穩定發展的主要原因，也是習近平當局無法正常執政施政的主要障礙。在迫害法輪功問題上，習近平無法與江澤民集團達成共識，這是雙方衝突的實質和根本。因為任何一個政府的當政者，在持續迫害法輪功的情況下，都無法正常地執政，依法治國和實現公平正義只能成為空話。

「習近平拿下范長龍這個副國級官員，屬於打破中共高層政治平衡的信號。中共迫害法輪功所造成的三大危機：中國社會的巨大危機、習近平當局的執政危機、以及由習江鬥造成的中共高層政治危機，正在面臨爆發。」

第二節

范長龍「捅刀」劉源
習破格提拔張升民

劉源是習近平軍中打虎行動中的得力
幹將，原是習物色中央軍紀委書記的
不二人選，但遭范長龍在背後「捅刀」
而被迫退役。（Getty Images）

2018 年 1 月 16 日，香港東網文章稱，繼中央軍委聯合參謀部前參謀長房峰輝之後，中共軍委原副主席范長龍也被傳出遭立案審查。

文章報導，早在十八大前夕，徐才厚為防止自己遭到清算，拉著已屆退休年齡的范長龍直搗江澤民住處，向其大力舉薦范擔任軍委副主席。當時習近平僅為王儲無力干預，而時任軍委主席胡錦濤更被架空。

范長龍成軍中反習聯盟頭領

2014 年 8 月，網上有來自軍委內部消息說，徐才厚落馬後，軍中巨頭們個個緊張，尤其是涉貪的郭伯雄、范長龍等人，急於

尋找對策自保。

他們借助當年「慶祝八一建軍節」的機會，郭伯雄勾結范長龍、房峰輝、常萬全、徐粉林等人聯絡和策劃政變。他們共推的政變領導人就是時任軍委副主席的范長龍。軍隊內部的人都清楚，范長龍是徐才厚一手提拔上來的鐵桿親信。

不過，那場政變還沒實施就被習近平破除了。外界報導習近平多次遭遇暗殺，有的就與軍隊有關。

范長龍除掉習近平的反腐大將

此外，范長龍還被曝利用軍委副主席身分，對中共總後勤部政委劉源背後「捅刀」，令習近平在軍中痛失了一員猛將。

劉源是前中共國家主席劉少奇之子，與習近平同是紅二代。習近平近年的軍中打虎行動中，劉源是得力幹將，是推動前軍頭徐才厚、谷俊山等落馬的關鍵人物。

據港媒披露，2015 年 8 月初，在北戴河中央政治局、中央軍委聯席會議上，軍改草案首次被擺到檯面上。軍紀委、軍政法委、軍科技委的改革，被列作軍改第一步，劉源被習近平列為改革後中央軍紀委書記的唯一人選，並被安排在 18 屆五中全會上增補為中央軍委委員。

2015 年 10 月初，中央軍委會議上就增補劉源為軍委委員進行表決。表決結果是，11 名中央軍委委員中 5 票贊成、3 票反對、3 票棄權，未達到有關重大事宜必須有 75％ 或以上贊成票的規定，提議未能獲得通過，也因此未報中央政治局審議。

這背後就是范長龍夥同江派人馬在搞鬼。同年 11 月下旬，

中央軍委再次召開會議討論增補劉源為中央軍委委員，兼任軍紀委書記。表決結果為6票贊成，2票反對，3票棄權，提議仍未通過。報導稱，軍委常務副主席范長龍公開投了反對票，其理由為劉源與軍隊中高層關係長期緊張，同年底劉源被迫退役。

當時有消息稱，劉源之所以無緣軍紀委，一是因他太過於敢言的性格，另一方面則是因為他在軍隊反腐中得罪了太多的人，最關鍵的一點是，范長龍作為軍委副主席背後「捅刀」，導致劉源無緣中央軍委委員。

習近平破格提拔軍紀委書記

劉源的退役，也令習在軍中損失了一員反腐猛將。也許是吸取教訓，習近平在十九大特別把軍紀委書記張升民破格提拔為軍委委員，並在2017年11月2日，單獨給張升民頒發上將軍銜。

也就是說，張升民是以中將身分進入中央軍委，並升任中央委員，習近平打破慣例提升軍紀委書記，是要讓打虎將領有地位、有實權，進一步加強軍中反腐「打虎」的力度。

2017年10月19日官方公布，十八大以來，共立案審查省軍級以上官員及其他中管幹部440人，其中中央委員、候補中央委員43人。當時已公布的落馬中委（候補）共35人，現在加上張陽、房峰輝，落馬中委（候補）有37人。

43減37等於6，目前仍有六名中委（候補）雖然接受了審查，但尚未公開信息。據軍中知情透露，這當中有相當比例是軍隊中的人。如果把范長龍算上，還有五人沒有露頭。

由此看來，張升民上任後，軍隊反腐還有好戲看。

第三節

國防部否認范長龍被查但被大陸封殺

2018 年 1 月 25 日，中共國防部首度否認范長龍被查的消息，但美媒對此表示質疑。（AFP）

在中共國家軍委副主席范長龍被查的消息傳得沸沸揚揚之際，中共國防部 2018 年 1 月 25 日召開記者例會，首度回應此事。

有記者追問范長龍被查的傳言時，中共國防部新聞發言人吳謙否認中共前軍委副主席范長龍被調查的消息，他還建議提問記者去看一看中共軍報 1 月 18 日的一篇文章。

但那篇文章並無法說明范長龍沒有被查。1 月 18 日中共軍報在內版的文章中，低調引述中共軍委副主席范長龍在 2016 年 6 月一個軍方的一次座談會上的講話。

蹊蹺的是，上述回應不但未出現在國防部網站上長達九頁的《2018 年 1 月國防部例行記者會文字實錄》及視頻裡，而且該視頻的「實況錄播」裡也沒有國防部回應范長龍現況的敏感問答。

　　同時，大陸最大的搜尋引擎百度上也沒有國防部回應范長龍被調查的消息。

　　中共國防部看似替范長龍闢謠的消息，遭到大陸的封殺。美國之音 1 月 29 日報導說，大陸迴避公開談論范長龍是否被查這個問題。

　　港媒 2018 年 1 月 14 日率先披露，范長龍已被立案審查，范長龍成為中共十八大以來繼郭伯雄、徐才厚之後，第三名落馬的中共軍委副主席。消息人士說，已經落馬的房峰輝被移送軍事檢察機關後，「牽出（范長龍）不少事」，當局於是決定拿下他。

　　隨後，范長龍被查的消息被路透社、《華爾街日報》等海外各大媒體紛紛轉載。詭異的是，大陸最大搜尋引擎百度上直至 1 月 18 日都可以打開范長龍被查的消息。

　　新加坡《聯合早報》1 月 18 日的報導說，范長龍落馬的消息，大陸一直沒有屏蔽，這從側面證實范長龍已落馬。

　　兩天後，即 1 月 20 日，自稱是范長龍「戰友」的網民「子弦夜談」在微博上闢謠，並貼出了多張范長龍的「2018 年 1 月的近照」。

　　但中共紅二代蔡小心接連發多條微博，暗示范長龍已落馬，並說那條龍「終於掉下來了」。蔡小心還說，這些范長龍的照片並非最近所拍。

　　隨後，「子弦夜談」在其微博上刪除范長龍的其他照片，只留下一張范長龍寫字的照片。同時，《大紀元》記者發現百度上范長龍被查的消息已被屏蔽。

　　范長龍是否真的落馬，目前外界還不得而知，也許官方還不想這時公布此事。

但美國之音 1 月 26 日報導說，中共常以讓某高級官員名字見諸媒體的方式來闢謠。但在另一方面，也不乏公開現身後不久就被證實落馬的先例。

中共前政法委書記周永康，中共前軍委副主席郭伯雄和徐才厚、中辦前主任令計劃等高官，他們傳被調查期間，都曾多次公開露面。

尤其是令計劃，除公開露面外，他還於 2014 年 12 月 15 日在官媒《求是》雜誌刊發 4000 字的長文，文章至少 16 次提到習近平，但一周後，即 12 月 22 日他被官方宣布調查。

第四節

范長龍隨習露面
待遇不如被抓前的徐才厚

2018 年 2 月 2 日范長龍（左二）隨習近平等軍方高層一起露面，但沒有跟退休軍隊幹部們握手，且觀看演出時肢體行為拘謹。（視頻截圖）

　　傳被調查的中共國家軍委副主席范長龍，2018 年 2 月 2 日隨習近平等軍方高層一起露面，但待遇還不如當時已卸任軍委副主席、傳被調查的徐才厚。

　　中共中央軍委「慰問」駐京部隊老幹部迎新年文藝演出，2 月 2 日下午在北京舉行。中共央視的畫面顯示，當天下午四時許，習近平與現任中共軍委副主席許其亮、張又俠三人走進演出現場，並與駐京部隊老幹部們握手。而傳被調查的現任中共國家軍委副主席范長龍，並沒有鏡頭或照片顯示他隨習近平一起與駐京部隊老幹部們握手。

　　但報導說，中共軍中高層許其亮、張又俠、范長龍、常萬全、魏鳳和、李作成、苗華、張升民、趙克石、吳勝利、馬曉天一同

觀看了演出。

央視畫面顯示，在演出期間，范長龍在台下前排就座，並坐在許其亮的左手邊。

時政評論員石實表示，2018 年 3 月才卸任中共國家軍委副主席的范長龍，並沒有和軍委主席習近平、軍委副主席許其亮、張又俠一起與離退休官員握手，他的待遇都沒有當年傳被調查、已卸任軍委副主席的徐才厚。

2014 年 1 月 20 日，習近平等人出席了在北京舉行的中央軍委慰問駐京部隊老幹部迎新年文藝演出。當時已經卸任中共中央軍委副主席的徐才厚、國家軍委副主席郭伯雄隨習近平等人一起出席。當時的央視畫面顯示，備受外界關注、滿頭「白髮」的徐才厚排在習近平、張萬年、郭伯雄之後第四個出場，並與軍隊老幹部們握手。而時任軍委副主席的范長龍、許其亮排在徐才厚之後出場。

但僅僅不到兩個月，即 2014 年 3 月 15 日，當局決定對徐才厚進行調查；同年 6 月 30 日，徐才厚被開除中共黨籍，並被移送軍事檢察機關處理。

石實表示，從范長龍露面被降級及范的央視畫面中拘謹的行為，顯示他的前景可能真的「不妙」。

1 月 14 日，范長龍被查的消息廣傳，25 日國防部新聞發言人稱這是個「謠言（rumor）」，但詭異的是，該言論遭到大陸的封殺。

看來，范長龍落馬這事還不到公布的時候。

范長龍上將也出事了

第八章

尚未公布的上將老虎

2016 年 11 月港媒再傳出江澤民大祕賈廷安等上將被查的消息，其中包括前「河南幫幫主」張樹田、前軍委委員李繼耐、廖錫龍等。北戴河會議前後至六中全會前夕，這些江澤民在軍中的心腹出事的消息就不斷流傳。

中共軍方清除郭伯雄、徐才厚的「餘孽流毒」仍未停歇。（Getty Images）

第一節

張樹田：徐才厚的副手

張樹田是中共軍中河南籍將官貪腐集團核心成員之一，與徐才厚、賈廷安關係密切。（新紀元合成圖）

徐才厚案 牽動中共軍委人事新布局

2014 年 3 月 15 日，71 歲的徐才厚被抓捕，成為很多中共軍官們終生難忘的一天。那天上午，當了 10 年中共中央軍委副主席的徐才厚被軍紀委正式調查。中共三大軍頭之一的徐才厚，以買官賣官的方式一手提拔了 570 多名師級以上高級將官，其落馬對中共官場帶來的衝擊可想而知。

高調曝光徐才厚被抓現場

據 2014 年 11 月 20 日出刊的第 32 期《鳳凰周刊》報導，「3 月 15 日，正在北京 301 醫院治療晚期膀胱癌的徐才厚突然被叫走，某軍委領導當面宣布對他進行組織調查。」不過，據悉等徐

才厚被帶回 301 醫院時，已經不許進入原來的病房了，而是被帶到了該院的東院小南樓。

解放軍 301 醫院是中共最高級別的醫院，專為地方省部級、軍隊軍級以上官員治病，鄧小平、江澤民等人都是在此住院或搶救的。

「幾個工人當著徐才厚的面，往窗戶上釘上隔離柵欄等安防設施。」「就在 15 日當天，在京的部隊就大面積知道了。因為院方把原來住在 301 醫院東院小南樓的人全都遷走了，而原本的警衛人員也都換了。」當晚，徐才厚在北京的妻女也隨即被抓，其祕書秦某亦被控制。

人們注意到，徐才厚被立案調查的當天，恰好是「中央軍委深化國防和軍隊改革領導小組」宣布成立之日，那天習近平以組長的身分出席了軍委深改組第一次全會。兩件事的時間重合，意味深長。

按理說，官方可以按照中紀委的雙規慣例把徐才厚祕密帶往某處，再派出特別醫療隊同行，或在 301 醫院建立一個特別封鎖區，禁止任何人進入，但北京這次選擇高調騰空整個 301 南樓，讓這個消息傳得更快更遠。

隸屬於香港鳳凰衛視的《鳳凰周刊》以《國賊徐才厚查抄內幕》為封面，報導了徐才厚貪腐案的許多內幕細節。鳳凰衛視是極少數特許能在大陸發行的「境外媒體」，其老闆劉長樂出身中共軍方，曾在總參任職，後在香港營商並創辦鳳凰系。

《新紀元》在 2012 年報導過，鳳凰衛視背後的真正老闆是葉劍英的兒子葉選寧，在薄熙來事件爆發前，葉家一度支持薄熙來，但後來葉家轉向支持習近平。《鳳凰周刊》曾經首家爆出前

中共上海市委書記陳良宇在 2006 年落馬事件，2012 年 10 月曝光引發徐才厚落馬的關鍵人物谷俊山的貪腐問題，以及推倒谷俊山的劉少奇之子劉源十八大仕途受阻的內幕。

　　據說葉選寧與習近平私交甚好，從這篇獨家報導的內容來看，其報導尺度遠遠超過《鳳凰周刊》平常的內容，許多細節與之前海內外流傳的辦案情形吻合，另外，也報導了許多只有直接辦案者或者軍方最高層才能掌握的信息，被認為是中共官方提前放料、試水溫的結果。

徐家搜出上億現金 以噸計量

　　《新紀元》此前報導過，出生貧寒的徐才厚從小跟爺爺奶奶長大，大學畢業後被分到農場「接受再教育」，幾年後入伍，在吉林省汪清縣守備三師炮團任連副指導員。1982 年前後，徐才厚被送到北京解放軍政治學院（現在的國防大學）培訓，兩年後開始一路高升。

　　1992 年 11 月他被遼寧瓦房店老鄉于永波推薦給江澤民，成為中共解放軍總政治部主任助理。《鳳凰周刊》引述知情人士的消息稱，2014 年 3 月 15 日徐才厚被正式調查的當天晚上，中共軍事檢察院的辦案人員對北京阜成路上徐才厚的一處 2000 平米的豪宅進行搜查，搜查結果大大出人意料。

　　「原本以為社會上有關徐才厚涉嫌貪腐的傳聞很厲害了，且從谷俊山案發至今都兩年多了，徐才厚即使有什麼貪污，財物早就轉移完畢，家裡斷然不會有東西了。」「然打開豪宅的地下室，辦案人員還是嚇了一跳：裡面到處堆放著現金，有美元、歐元、

人民幣，清點不過來，辦案人員只好拿秤來秤，再貼上封條。被查抄的現金足足有一噸多重！有的打著包甚至都未開封。」此前發改委能源局案中，副司長魏鵬遠家中被搜出兩億元現金，根據媒體的估算，一億元人民幣百元鈔票的重量約為1.15噸，如果《鳳凰周刊》該報導屬實，則徐才厚的一個住房內就搜出一億多元人民幣。

消息稱，此外在徐宅的倉庫裡，還有100多公斤、200多公斤的和田玉，各種名貴的硬木和珍稀的翡翠製品。成堆的和田玉大多原封不動，有的只是去了玉石的一層外皮，露出裡面的大概成色。徐宅倉庫還有唐、宋、元、明歷朝的各種古玩器具和字畫。這些寶物都雜亂地放在屋子裡，堆積如山，辦案人員只得臨時叫來十幾輛軍用卡車將其全部運走。

在徐才厚原來的辦公地點、軍委總部八一大樓地下還有一個祕密儲藏室，裡面也放滿了現金，由其祕書和一名負責勤衛的女兵看管。

據說徐才厚生活作風糜爛，與該名女子關係混亂。他答應給這名女兵「入學提幹」，可是一直不兌現，徐才厚退休後，這名女兵絕望了，一天從山東老家開來一輛麵包車，把徐地下儲藏室裡的現金裝了一整車，連人帶錢一起「失蹤了」。徐才厚自知理虧，也不敢叫人追查。

年僅三歲的外孫也有房產

《鳳凰周刊》還透露了一個頗具戲劇性的細節。徐才厚未被調查時，外界盛傳徐在上海有四套房產，徐認為是他人栽贓，大

發雷霆，主動致電某軍方高官，讓其派人調查。後來軍紀委調查發現，該處房產確實不是以徐才厚名義登記的，而是徐才厚年僅三歲的外孫的名字。

徐才厚的妻子趙某是該起受賄案的被告。據說谷俊山的弟弟為了行賄，找到趙表明心跡，主動獻上上海的四套房產。一開始趙認為是普通的上海房產，因而拒絕，但對方安排她到上海實地看屋，發現這是四套打通的師職軍官經濟適用房，房間裝潢豪華，地段頗佳，趙才欣然收下。徐才厚在四川成都也有別墅，受賄人同樣是其妻趙某。趙一開始去成都看了該處別墅後，嫌建物面積過小，對方於是加修擴建，占地數畝，趙才同意收下。外界猜測中共 18 屆四中全會上通報開除黨籍的原成都軍區副司令員楊金山中將，很可能與此事有關。

徐才厚病重病危期間，中共軍方通知其妻趙某前去探視，不料趙某竟然拒絕。據說徐才厚的荒淫無度已令其家人無法忍受。而妻子趙某收受賄賂後，賄賂的官員都受到徐才厚的「提拔」，因此徐才厚無法撇清受賄關係。

買官賣官是徐才厚第一大罪狀

《鳳凰周刊》還報導了谷俊山被抓受審的細節。2012 年 1 月下旬，中共軍紀委宣布對谷俊山進行調查。在谷俊山被調查前，徐才厚把他接走了。谷俊山欲作最後一搏，多次送給徐賄金，共計達 4000 多萬元。「在移交司法候審的日子裡，關押中的谷俊山有段時間每天都會哭上好幾個小時，而在發覺徐才厚未能像承諾的那樣保住自己後，谷俊山開始拚命『咬人』。」「谷俊山在

任的時候氣焰十分囂張,除了對最高層級的軍隊領導俯首貼耳之外,對同級和下級軍官根本就不屑一顧。」據說谷俊山案涉 300億元,受賄 6 至 8 億人民幣。

買官賣官是徐才厚的第一大罪狀。在長達十多年的時間內,大權在握的徐掌管著數百萬解放軍和武警部隊中高級領導幹部的人事任免調配權,中高級軍官們的政治前途和職務升遷,徐一句話就可決定。京城有傳言,徐才厚在位期間,外人想見到徐本人,首先要通過祕書等關卡,請託送禮至少在百萬元以上。按照中共軍隊幹部任免規則,正師級以上軍官需要軍委領導批准,與其有權錢交易的人,職務至少應在正師級、副軍級甚至正軍級以上,其人數約在 570 人以上。

據悉,辦案人員在搜查徐宅地下室的賄金和贓物時,發現一箱裝在茅台年份酒包裝箱裡尚未開封的現金,內有某官員要求「進步」的簡歷。後來該名官員招供「為求進步」因而向徐才厚行賄。據說這位少將是四川省軍區政委葉萬勇。軍隊買官賣官現象之嚴重,新紀元在《習近平的太子黨盟軍》有關劉源的章節中披露了更多實例,甚至連中共高官太子黨若不送禮,都無法晉升。

官方加速查處徐案

儘管《鳳凰周刊》報導徐才厚貪腐上億,但中共官方內部通報的數額卻大大縮水。2014 年 4 月,中共中央和中央軍委就徐案對大軍區以上的高級將領做了通報,5 月下旬又對師級幹部進行通報,稱徐才厚的案情是收受谷俊山 4000 多萬元的賄金和四套房產。

媒體上的報導更是遭遇更大封鎖。2014 年 11 月 20 日凌晨 5 時左右，海外中國數字時代網站披露中宣部密令：「原軍委副主席徐才厚案，一律以權威媒體統一口徑報導。各地各網站需嚴格檢查有關此案的相關報導，如出現問題將會嚴肅追責。」11 月 20 日，大陸各大網站大量轉載《鳳凰周刊》有關徐才厚貪腐的報導，當晚所有轉載被迅速刪除。

不過第二天還是有人繼續抗命中共中宣部。微信帳號「政知局」從《鳳凰周刊》的文章中挑選出 10 個細節，隨後「北青網」等媒體以標題《徐才厚案 10 個過目不忘的細節》轉載了此文，且一直未被刪除。

中共軍事檢察院於 11 月 27 日宣布徐才厚案偵查終結。徐才厚從接受調查到移送司法機關僅隔三個月，再到偵查終結，前後也僅半年多，一般涉及同等規模的案子，拖上一年兩年都屬正常，快速偵徐案，似乎另有用意，徐才厚的膀胱癌傳再度惡化，可能也是官方加速查處的原因之一。

傳前軍紀委書記張樹田被查

就在《鳳凰周刊》報導徐才厚貪腐細節的同一天，2014 年 11 月 20 日，不少香港雜誌報導說，「中共前紀委副書記、中央軍委紀委書記、總政治部副主任張樹田上將已被立案審查，隨時可能被捕。」

現年 73 歲的張樹田，1992 年任中共武警部隊政委，1994 年晉升武警中將警銜；1996 年因李沛瑤案調任至蘭州軍區副政委；1998 年底任總政治部副主任，2000 年被授予上將軍銜；2002 年

11 月兼任中央紀委副書記，2003 年 1 月張樹田接替升任總政治部主任的徐才厚兼任了軍紀委書記，2004 年 12 月退役。

報導引述軍中知情人士消息稱，張樹田案牽涉到其同鄉谷俊山以及徐才厚和郭伯雄。由於張樹田一度主掌中共軍紀委，使之成為掩蓋軍中貪腐問題的主要保護傘之一。谷俊山案 2011 年底就案發，但一直被拖到兩年多後的 2014 年 3 月 31 日才被提起公訴，其間習近平多次催促詢問都無效。

張樹田屬於正大軍區級，如消息屬實，張樹田將成為繼徐才厚後第二位被查的中共上將。

張樹田（1939 年生），河南商丘人。中國人民解放軍高級將領。

1958 年畢業於南京軍械技術學校。歷任師政治部、瀋陽軍區、總政治部組織部副處長、處長、副部長、部長。1992 年，任武警部隊政委，1994 年晉升武警中將警銜。1996 年，因李沛瑤案後，調任至蘭州軍區副政委。1999 年，任總政治部副主任，次年授予上將軍階，2002 年 11 月任中央紀委副書記兼中央軍委紀委書記，2004 年 12 月退役。

于永波恐怕難以脫身

關於習近平反腐面臨的局勢，時政評論人士林保華分析稱，「癌症末期的徐才厚，臨死還被逼吐出一些他的賣官網絡。僅僅是靠買官上來的將領，如果團結起來，勢力不容小覷。如果他們彼此了解底細而成立『軍中買官校友會』向習近平叫陣，難保習不會肝膽俱裂，因為可能軍中已無可用之將了。」

　　林保華認為，當時涉及貪污被審查、被判刑的高級將領至少已有幾十個。只是擔心動靜過大，或者策略上的需要，一些貪將還留在原位上沒有動到。但是 18 屆四中全會前已經盛傳要改組中央軍委，表明現在中央軍委任上的還有一些貪將。

　　據大陸媒體報導，同樣是在 2014 年 11 月 20 日，久未露面的于永波在北京高調出席了「中華英烈褒揚事業促進會成立大會」。于永波表示，像徐才厚、谷俊山這樣的落馬官員，當初便應該多想想「烈士精神」。

　　于永波此番言論，被視為是刻意藉此撇開與徐才厚的瓜葛，但徐才厚由于永波所提拔，是眾所周知的事實。于永波 1992 年至 2002 年擔任總政治部主任，1998 年至 2003 年任中央軍委委員。于永波跟徐才厚都是靠溜鬚拍馬江澤民上位，且都是追隨江澤民鎮壓法輪功的「急先鋒」。

　　在中共內部，掌控軍隊是取得政治博弈勝負的關鍵，是以習近平只有在軍隊清除與江派關係密切的中高級將領後，才能真正掌控軍權。預料接下來人們將會看到更多中高級現任將領甚至軍委委員落馬。

張樹田全家被抓 夫妻掏槍自殺一人斃命

　　2017 年 6 月，已落馬的中共海軍原政治工作部主任楊世光在懺悔書中，首度證實了原總政治部副主任張樹田被調查的消息。24 日，再有消息稱，張樹田全家被抓捕時，張樹田夫婦均掏槍自殺，張自殺未遂，其妻當場斃命。

　　多家海外中文網 6 月 24 日報導，曾擔任中共中央軍委總政

治部副主任、中紀委副書記、中央軍委紀委書記的張樹田上將，19日，在家中被抓捕，同時被抓捕的還有他的妻子、孩子、祕書、司機、保姆及廚師。

報導說，張樹田和妻子早有準備，每人身上各藏有一把手槍，抓捕中張樹田自殺未遂，張妻子持槍擊穿自己右腦死亡。

不過，上述消息沒得到中共官方證實。

6月20日，已落馬的中共海軍原政治工作部主任楊世光，在獄中的懺悔書中，首度證實了兩名重量級軍老虎：原總政治部副主任張樹田和海軍副司令員蘇支前受查的消息。

懺悔書中說：2016年8月26日，中共軍委在北京召開全軍落實古田全軍政工會後，不僅清除郭伯雄、徐才厚流毒，而且查處原二炮部隊副政委張東水、原空軍政委田修思、張樹田等人。首度證實了原總政治部副主任張樹田上將受查的消息。

徐才厚案發後，外界一度傳出張樹田被當局調查的消息。2016年中共18屆六中全會之前，再有消息稱，已經退休12年的張樹田上將，已於10月12日上午被軍紀委帶走。

港媒《爭鳴》2016年11月號也披露，在9月中旬至10月中旬期間，中共軍方召開五次高規格會議，主題是肅清原軍委副主席郭伯雄、徐才厚的流毒。

會議結束後，軍委政治工作部副主任賈廷安、原總政治部主任李繼耐、前總後勤部部長廖錫龍、原總政治部副主任兼軍委紀委書記張樹田和原國防大學校長王喜斌等五名現役、退役上將，接受調查或落馬。

這上述多人均是江澤民派系的人，其中原國防大學校長王喜斌2017年2月獲官方證實落馬。

但有關張樹田落馬的消息大陸官方至今未公布。

消息指，張樹田是中共軍中河南籍將官貪腐集團核心成員之一，與徐才厚、賈廷安關係密切。其問題牽涉谷俊山案，更涉及徐才厚、郭伯雄等軍方高層。

據報導，張在擔任軍紀委書記、總政治部副主任期間，徐才厚時任總政治部主任，兩人趁機瘋狂賣官。張樹田利用負責選拔幹部的權力進行賣官交易，並為河南老鄉、軍中巨貪谷俊山充當保護傘。

有消息稱，買官者曾用軍機空運禮品進京，送給張樹田和徐才厚。

港媒曾在《軍中河南幫尾大不掉》一文指，張樹田是中共軍中「河南幫」首任幫主，而江澤民祕書賈廷安則是現任幫主。

中共軍隊過去長期被江派人馬掌控。十八大後，習近平當局在軍中展開反腐「打虎」運動。截至目前已有逾 200 名副省部級（包括軍級）以上高官落馬，其中軍中公布被查的軍級以上官員達 60 多名，包括江澤民提拔的軍中最高心腹郭伯雄、徐才厚等。

郭伯雄、徐才厚落馬後，習近平當局在軍隊中清除郭、徐餘毒不斷加碼，從「徹底肅清」到「更加徹底肅清」再到「深入徹底肅清」，發展到如今的「全面徹底肅清」。

分析認為，習當局仍在加大軍隊反腐力度，軍中很快還會有一大批江時代上位的「老老虎」陸續拋出。

第二節

李繼耐：耍花招引習震怒

2016 年北戴河會議敏感期，傳出兩中共退休上將李繼耐與廖錫龍被軍紀委官員帶走的消息。（新紀元合成圖）

2016 年北戴河會議敏感期，傳出兩中共退休上將李繼耐與廖錫龍被軍紀委官員帶走的消息。

據稱，二人出事不僅涉貪腐受賄，也與上書公然與中央對抗有關；引習震怒，加速二人落馬進程。

2016 年 8 月 5 日，香港《南華早報》報導，兩名中共上將，前中共中央軍委委員、總政治部主任李繼耐和總後勤部主任廖錫龍在 7 月的一次退休高級幹部會議中被軍方紀律官員帶走。

據說李、廖都是因為涉嫌貪腐受賄被軍紀委拘查。廖錫龍本來吐贓 4000 萬後已獲當局「寬恕」，不料他竟然和李一起上書，質疑中共正在推行的政治運動，因此被新帳舊帳一起算。

中共十八大李繼耐退休後不久，新的中央軍委就收到有關

他賣官受賄的舉報，他的幾個祕書先後被軍紀委拿下，其中曾經任李繼耐大祕的中央軍委科學技術委員會專職委員朱新建少將，2016年初被拘查後曾經一直扛著，直到年中才「吐出」李繼耐涉嫌的貪腐事實，給軍紀委拿下李提供了有力依據。

李繼耐落馬還有一個重要原因，就是他可能是出於做賊心虛的原因，於2016年初公然上書中央軍委主席習近平，對「兩學一做」活動提出批評，質疑有關做法是「形式主義」。據悉上書引起習大怒。消息稱，李繼耐原想用這種攪混水的方法矇混過關，未料此舉反而加速他落馬的進程。

廖錫龍2012年從總後勤部長位置上退役後，就一直協助中央軍委專案組調查。問題包括他的前祕書、總後勤部司令部副參謀長符林國少將涉貪被查，當局從符的家中抄出黃金25公斤，現金2000多萬元。與廖錫龍同是貴州老鄉的符林國接受審查時，交代曾向廖行賄巨額現金。

廖錫龍的另一個問題則涉谷俊山；廖自己也有把柄被谷俊山掌握。2011年專案組在對谷俊山調查期間，谷曾對頂頭上司廖錫龍說：「別看你是中央軍委委員，總後部長，我讓你離開你就得離開，你別擋我的道，我也不擋你的道！」谷落馬後舉報不少廖錫龍的問題。

消息人士表示，習近平念廖錫龍在任總後部長時，配合時任政委劉源拿下前總後副部長谷俊山中將、揭開軍隊貪腐的蓋子有功，本來在他吐出4000萬贓款後，已經同意「放他一馬」，讓他「軟著陸」，不料廖又參與李繼耐的上書活動，公然與中央對抗，終於惹怒了習近平。

兩人長期勾結郭、徐 共謀暗殺劉源

據中共軍方定調，李繼耐和廖錫龍長期與郭伯雄、徐才厚勾結，存在的五大問題包括：

一、在軍中買官賣官。

二、架空中央軍委集體、架空中央軍委主席胡錦濤。

三、藉軍隊基建等瘋狂斂財。

四、在總後勤部政委劉源舉報谷俊山後，曾參與謀劃殺害劉源的活動。

五、在得知徐才厚和郭伯雄先後落馬後，曾以各種名義謀劃外出，但被嚴密控制。

至於習近平要如何處置這兩上將，消息人士稱，正在北戴河舉行的中共高層「避暑務虛會議」的議題上，也許就有這個話題。

李廖二人還有個共同點。李繼耐任總政治部主任期間，兼任全軍專門迫害法輪功的機構「610辦公室」的主任，被「追查迫害法輪功國際組織」列入追查名單。

廖錫龍也不遺餘力地執行江澤民對法輪功的迫害鎮壓政策，把活摘器官產業化、軍事化，並當作一場戰爭來指揮。因此，廖受到江的重用。「追查國際」報告顯示，廖錫龍是軍隊活摘器官的關鍵人物之一。

第三節

廖錫龍：血腥的軍中產業

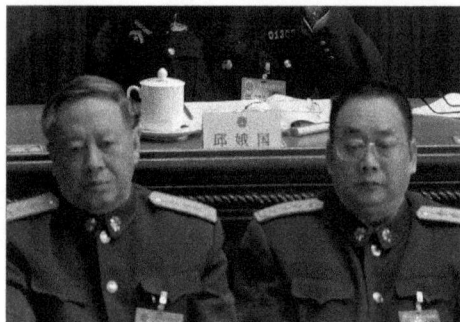

廖錫龍（右）緊跟江澤民鎮壓法輪功，得到江的大力提拔。2002 年，廖被升為中共軍委委員、總後勤部部長，把活摘法輪功學員器官產業化、軍事化。圖為 2006 年資料照。（AFP）

海軍中將懺悔書曝郭徐後續有人落馬

2017 年 6 月 19 日，海軍政治工作部原主任楊世光獄中懺悔書在網上曝光。現年 60 歲的楊世光曾任東海艦隊政治部主任，2014 年年底升任海軍政治部主任，軍改之後改任海軍政治工作部主任，2016 年晉升為海軍中將，是大戰區副職。

據港媒《星島日報》報導，楊世光在長達 14 頁、逾 8000 字的悔過書中稱，「古田全軍政工會後，不僅清除郭（伯雄）、徐（才厚）流毒，而且查處張東水（原二炮部隊副政委）、田修思（原空軍政委）、張樹田等人」。這再次證實了總政治部原副主任張樹田上將被查。

他還說：「習主席把我放到如此重要的崗位，我不思感恩，不思重託。」獲晉升後，「個人主義膨脹」、「沉浸在個人奮鬥

成功的喜悅」之中。

楊世光稱，2016 年下半年，東海艦隊有多名後勤幹部被調查時，自己仍舊「心存僥倖，繼續收受東海艦隊後勤部部長劉繼禎、東海艦隊工程指揮部主任馬啟平的賄款」，並認為「做官也應當發財」，曾收受了劉繼禎 40 萬美元，推薦他擔任海軍後勤部部長，但沒有成功。

懺悔書說，自己的受賄行為絕大多數發生在十八大之後，「有禁不止，就是對著幹，其他工作做得再好，也是偽忠誠，無法抵銷這個『欺君之罪』。」楊世光說，「偽忠誠，對著幹，『欺君之罪』殺無赦」，並稱自己「罪該萬死」、「死有餘辜」。懇求中央給一顆子彈讓其速死。

香港《動向》雜誌 2017 年 5 月號披露，4 月 4 日晚間，楊世光在海軍司令戰備部指揮室值班，接到海軍司令部通知，要求他去參加一個緊急會議。楊到場發現軍委副主席許其亮、軍委紀委書記張升民已經在會議室等候。驚慌失措之下，楊提出上洗手間，但遭到阻攔。

隨即，許其亮代表中央軍委宣布停止楊世光一切職務，等候審查；張升民則宣布對楊世光即時留置（雙規）審查。聽到自己被審查，楊世光十分驚慌，手抖得簽了三次才寫正自己的名字。

據說楊世光被視為徐才厚餘孽。落馬前已經被多名情人聯署告到中央軍委、中紀委、中央軍委主席習近平處。

其情人包括海軍文工團舞蹈演員、東海艦隊衛生學校女教師、浙江電視台與上海東方電視台女公關等。

楊世光被舉報腐敗的一個例證是，其在浙江杭州、福建廈門、上海、南京、深圳、大連等地，擁有 12 套高級住宅別墅，都以

象徵性 5000 元、10000 元的價格買入，都以假名登記。

傳廖錫龍的弟弟、養女和情婦被抓

早在 2014 年，徐才厚被開除中共黨籍後，曾有傳言稱，除劉源外，中共總後勤部上屆班子成員幾乎全被軍紀委約談，其中包括廖錫龍。

在習、王反腐的過程中，有大批「軍老虎」被打落馬，堪稱是反腐最激烈的領域之一。

2017 年 5 月 5 日，中共中央軍紀委向各軍委機關和各戰區派駐 10 個紀檢組，這是中國軍隊歷史上首次實行軍隊派駐監督。軍紀委這種打破常規的「操刀」方式引發了外界的強烈關注。

有分析認為，中國軍隊剛剛進入「戰區時代」，軍隊思想還未完全統一，如果不對軍隊歪風邪氣進行及時「扳回」，無疑會在一定程度上削減習近平軍改的最終成果。由此，國際輿論上開始出現「中共軍隊將掀起又一波反腐大潮」的聲音，隨之而來的便是關於「下一位軍中落馬大老虎」的各種傳言。

還有消息稱，廖錫龍的胞弟廖錫俊少將被抓的同時，廖錫龍的養女和情婦也被抓。《大紀元》曾報導，廖錫龍被曝光是因為積極追隨江澤民構陷「法輪功造反」，而被破格提拔，有關部門從廖家搜出人民幣 3700 餘萬及黃金等貴重物品十多箱。

廖錫龍骯髒發家史 構陷法輪功造反

1999 年 7 月 20 日，江澤民開始全面殘酷迫害法輪功。當時，

中共政治局常委中的其他六名常委都不贊成鎮壓法輪功，但江澤民一意孤行。為強迫其他人表態同意鎮壓法輪功，江澤民在背後耍了陰謀。

當年，江澤民找到了時任成都軍區司令員、黨委副書記的廖錫龍，要其表態同意。為討好江，廖夥同成都軍區情報處祕密編造假情報，謊稱從法輪功修煉者的郵箱裡獲取了法輪功搞政治、要推翻共產黨的郵件。

與此同時，江澤民還指使曾慶紅、羅干命令在紐約的情報人員謊稱，法輪功有海外背景，拿了美國中央情報局數千萬的資助。於是，江澤民拿著誣陷法輪功的假情報，要挾政治局常委其他人員，逼全體政治局常委表態同意鎮壓法輪功。

廖錫龍將活摘器官產業化、軍事化

此後，廖錫龍更是不遺餘力執行江澤民對法輪功的鎮壓政策，得到江澤民的大力提拔。2002 年，廖錫龍被升為中共軍委委員、總後勤部部長，並負責把活摘法輪功學員器官產業化、軍事化，當作一場戰爭來指揮。

中共軍隊總後勤部負責管錢管物，是軍隊中最直接接觸利益的部門，其中軍隊醫院和軍隊營房建設等，都直接歸總後勤部管轄。

大陸器官來源主要由中共軍隊總後勤部掌控，「器官移植」成為軍隊醫院發展最快的領域之一。

據知情人透露，主管活摘業務的是總後勤部部長，而總後政委負責對外宣傳和消聲。從 2002 年 11 月至 2012 年 10 月，廖錫

龍為總後勤部第七任部長。

2002 年開始，中國器官移植快速發展，到 2006 年被曝光前達到了頂峰。中共軍隊系統參與活摘法輪功學員器官的罪惡，郭伯雄、徐才厚、梁光烈、廖錫龍、谷俊山等中共軍頭負有不可推卸的直接責任。

此前「追查迫害法輪功國際組織」調查錄音證實，中共前國防部部長梁光烈承認，中央軍委曾開會討論軍隊關押法輪功學員及軍隊醫院活摘法輪功學員器官事宜。而將法輪功學員作為提供移植器官供體的命令，直接來自中共前中央軍委主席江澤民。

第四節

賈廷安：江澤民的心腹

江澤民的大祕、中共總政治部副主任賈廷安據傳 2015 年 11 月被停職並被押送到二炮休養院審查。（大紀元資料室）

四總部會議名單異常 賈廷安祕密受審

2016 年初，中共軍隊四總部傳達學習習近平在政治局專題「民主生活會」上的講話。官媒報導中，詳細介紹了其他三總部的與會人員名單，獨缺總政治部參加會議人員名單。此前，海外多家媒體報導江澤民心腹、總政治部副主任賈廷安被停職受查。官媒報導異常，或證實賈廷安已出事。

早在 2015 年 12 月初，包括美國自由亞洲電台、香港《東方日報》等媒體紛紛報導，賈廷安醜聞纏身，已成為負面人物；賈廷安因涉徐才厚及郭伯雄賣官等貪腐案，傳已遭停職調查。

官方釋放的賈廷安不利消息

2016 年 1 月 1 日，大陸官媒轉載軍報報導稱，四總部傳達學

習習近平在中央政治局專題「民主生活會」上的重要講話，中央軍委委員、總參謀長房峰輝、總政治部主任張陽、總後勤部部長趙克石、總裝備部部長張又俠分別參加有關會議。報導詳細列舉四人「主動向中央看齊」等挺習近平及表忠心的言論。

報導詳細列出「副總參謀長孫建國、王建平、王冠中、戚建國、乙曉光，總參謀長助理馬宜明等」參加了總參的會議；「總後勤部副部長孫黃田、李書章，副政委劉生杰」參加了總後的會議；「總裝備部政委王洪堯，總裝備部副部長張育林、劉勝、王力」參加了總裝備部的會議。

而對於總政治部，報導卻沒有具體列出具體出席人員名單。

據公開資料，總政治部有賈廷安、杜金才、吳昌德、殷方龍四名副主任均為上將，岑旭、崔昌軍兩名主任助理均為中將。

10月14日，中共黨報發文批「軍中有領導以言代法，法律文件不如領導批條指示」等。有港媒文章分析，該文矛頭直指江澤民前祕書賈廷安，稱賈是江澤民安插在軍隊內的「監軍」。

賈廷安是江澤民的心腹、大祕，從1982年起，賈就在電子工業部擔任江澤民祕書，江任中共軍委主席後，賈任軍委主席辦公室主任；2004年江澤民卸任中共軍委主席前一年，賈被安插出任中央軍委辦公廳主任；2008年開始任總政治部副主任。江澤民能在2004年退休後還一直掌控軍隊，主要管道就是賈廷安。

習近平2015年9月大閱兵宣布裁軍30萬之後，當時海外就傳出：江派這20多年通過買官賣官扶持起來的人，是習近平裁軍的主要對象，賈廷安作為軍隊改革最大的阻力，很快將會被拋出，為軍改祭旗。

繼海外多家媒體傳出中共前黨魁江澤民的大祕、中共總政治

部副主任賈廷安被停職調查後，港媒最新消息，賈廷安2015年11月被停職並被押送到二炮休養院審查；賈被指控犯有「五大違紀、三大違法」。

賈廷安被停職 二炮受審

港媒《爭鳴》雜誌2016年1月號報導，賈廷安2015年11月23日晚10時許被抓走。當時總政治部主任張陽，軍紀委書記、總政治部副主任杜金才和四名特警直赴賈廷安的住宅。但住宅警衛拒開門，稱要報告賈廷安。

張陽先宣布，當局決定賈不需要參加第二天的軍改會議；杜金才宣布習近平當局的決定，從即日起停止其總政治部副主任職務，留地接受審查。

隨後，賈廷安被押到中央軍委在妙峰山二炮休養院受審。據知，賈廷安提出抗議，並聲稱要見習近平，要見軍委副主席范長龍、軍委委員吳勝利，給江澤民打電話，但遭到了拒絕。賈廷安以絕食抗拒審查。據消息稱，賈廷安絕食三天就被勒令進食，否則以抗拒審查而提高審查措施等級等，賈才軟下來。

「五大違紀、三大違法」

報導稱，賈廷安被停職審查僅是結束其政治生命的前奏，賈已被披露犯有「五大違紀、三大違法」，恐難逃進「秦城」的命運。

賈的「五大違紀」有：一、在軍委、四總部搞拉幫結派；二、把軍委會議、四總部會議、總政會議的內容對內披露；三、擅自

扣押黨內、軍內舉報軍內上層涉及「違紀、違法」事件及人員；四、揮霍、嚴重超標、超規格接受接待；五、生活腐化墮落，和多名女性搞不正當關係，經警告、記過後仍不悔改。

賈的「三大違法」有：一、涉嫌參與郭伯雄、徐才厚等買官賣官活動；二、非法收受各種賄賂；三、參與捏造材料，誣告軍內人員。據知，從 2008 年到 2012 年 5 月，曾七次參與、策劃誣告總後勤部政委劉源。

報導還稱，賈久居中共黨軍高位，緊跟郭伯雄、徐才厚等，又有大靠山江澤民，但適逢習近平當局反腐深入，軍改啟動，其落馬是自然。

賈廷安的被查，可以說是逮捕江澤民前兆的標誌，或說是距離江澤民出事越來越近了。

賈被曝涉王守業案 延燒江澤民

《炎黃春秋》2015 年第一期刊登了原中共總後營房部原部長張金昌少將撰寫的《我認識的貪官王守業》萬言長文，揭發軍隊貪腐黑幕，其中詳述已經因貪腐被判無期徒刑的原中共海軍副司令王守業，當年如何「帶病提拔」的過程，不點名揭露了時任中共中央軍委辦公廳主任賈廷安在其中發揮的關鍵作用。

文中提到，1995 年，張金昌退休前夕，發現王守業道德品質有問題，多次向中共軍委正式提出不同意王守業接班。

但張金昌退休之後，「利用拉老鄉關係接近和拉攏中央軍委領導的祕書 XXX，從吃請開始，禮尚往來，然後打得火熱，親如兄弟。四個月後，XXX 祕書竟以中央軍委領導辦公室的名義正式

打電話給總後領導，要報王守業為營房部部長。」

　　文章還引述一名曾任總後高層領導的高官說，這位中央軍委領導祕書確實打過電話，「他的電話當然是代表 X 辦的」。

　　儘管文章在刊發時有意隱去了那個「中央軍委領導祕書」的名字，但時任中央軍委主席江澤民辦公室主任的賈廷安正與王守業同為河南葉縣老鄉這是不爭的事實。

　　另外，據中共內部運作模式，雖然中共中央政治局常委都有專屬「辦公室」，但習慣上在中央軍委高層中，只有軍委主席辦公室才用領導人姓氏簡稱為「X 辦」，如鄧小平任軍委主席時，其辦公室被簡稱為「鄧辦」；江澤民任軍委主席時，其辦公室被稱為「江辦」。

　　因此，此文一出，外界預測關於賈廷安前途凶多吉少，其「主子」江澤民也將被牽涉的輿論便迅速升溫。海外有分析人士認為，賈廷安徹徹底底是江澤民的「家臣」，因此，如果賈廷安真的被調查，不僅意味江澤民可能被牽連，更是表明曾經主導中共政治多年的「上海幫」分崩離析。

　　當此敏感時刻，2016 年 1 月 19 日中共軍報在其頭版位置報導了中共軍中總參、總政治部、總後勤部、總裝備部接連召開專題會議，高調發聲挺習的消息。報導顯示，身為總政治部副主任的賈廷安出席了相關會議。

　　這是賈廷安在負面傳聞纏身之際首次現身，似乎從側面證實賈廷安暫時安全。但也有輿論認為，此前中紀委的「打虎」套路顯示，陷入落馬傳聞的中共高官露面不等於說他就安全了，這種出事前的掙扎，往往反證其前景不妙。

　　事實上，2013 年 10 月中國石油大學 60 周年校慶，周永康曾

露面母校；薄熙來在出事前，也在中共的兩會上露臉並高調「闢
謠」；徐才厚 2015 年 1 月 20 日還隨習近平露面；令計劃更是在
被帶走前還在中共黨媒上高調發文向習表忠，但這些「大老虎」
最終難逃落馬厄運。

海外更有輿論指出，雖然《炎黃春秋》網站以及中國大陸各
門戶網站目前已刪除張金昌的爆料文章，但是這篇文章能夠發表
出來，本身就是一個明顯的政治信號。不僅被火燒眉毛的賈廷安
鐵定「出事」，甚至連江澤民都將受到牽連。

李長春通過賈廷安傍上江澤民

2013 年 8 月 8 日，《新紀元》曾刊文稱，據網路曝光，中共
前政治局常委李長春在中共政壇上的「發跡」與兩個人有關係。
一個是少林寺的和尚，一個是老家在河南葉縣的原江澤民辦公室
主任賈廷安。

1990 年，離開遼寧省省長職位的李長春，到河南擔任河南省
副省長、代省長，職位略微有所下貶。

到河南任職之後，李長春主動向江澤民靠攏。為此，李長春
還首先向江澤民身邊的「重臣」、江澤民辦公室主任賈廷安靠攏，
向賈廷安家在河南葉縣的母親大獻殷勤。

透過賈廷安的關係，李長春得到江澤民的重用，先在河南轉
正為正省長，而後提升半格，出任省委書記；從這往後，李長春
一路升官，最高峰時在中共排名位列第五。

賈廷安給賴昌星通風報信

2011 年 7 月 23 日，廈門遠華集團老闆賴昌星被遣返回中國。政情觀察人士認為，賴回國，給十八大權鬥火上澆油。至少有一個人，再無法睡得安穩，那就是賈廷安。賈慶林也捲入遠華案甚深，這兩人均是江的鐵桿跟班。

賈廷安一直是江澤民的心腹，當年賴昌星與賈建立了關係。現居加拿大的作家與時事評論員盛雪在《遠華案黑幕》一書中披露，賴昌星說，江澤民有五個祕書，其中三個跟他熟，包括賈廷安。賴經常去江澤民家，與賈廷安交往密切。

賴昌星當年得以逃往加拿大，與賈廷安提前通風報信有關。

賴昌星公開講，賈廷安拿了他許多好處。賴昌星當年在廈門建「紅樓」，內設淫窩賭廳賄賂中共官員。他掌握賈慶林、賈廷安等大量江派核心人物的貪污祕密。

從 1996 年到案發，遠華集團從事走私犯罪活動達五年之久，走私貨物總值人民幣 530 億元，偷逃稅額人民幣 300 億元。

賴昌星 2012 年 5 月 18 日被判無期徒刑，外媒報導稱，賴案首先衝擊的就是中共總政治部副主任賈廷安等軍方高層。當時胡錦濤掀起軍隊反腐敗，旨在剷除江派在軍中的殘餘勢力，強化對軍隊的控制。

范長龍上將也出事了

第九章

反腐救不了中共

截至中共十九大前夕，第18屆中委共35人落馬，幾乎占中央委員會一成，顯示中共官場的空前糜爛。中共早已從根子腐爛不堪，可以說無官不貪，這是體制決定的，習當局的反腐挽救不了中共。

18屆中央委員會中，共有35名委員落馬。中共體制已經腐敗到骨髓，不可救藥。（AFP）

十九大代表名單洩露的
危險將高

中共官方公布的軍方、武警部隊十九大代表名單中，江派背景較濃的多名高級官員提前出局，並傳出被調查等處境高危信號。（Getty Images）

　　2017 年 9 月 6 日，中共官方公布了軍方、武警部隊的中共十九大代表名單，其中，中共軍隊選出 253 人，比十八大多兩人，武警選出 50 人，比十八大多一人，新人比例高達 90％。至此，在 40 個選舉單位中，已有 37 個單位公布了名單，只有中共全國台聯、中央香港工委和中央澳門工委的名單沒有公布。

　　十九大代表名單顯示，江派背景比較濃厚的多名高級官員在中共十九大前提前出局，另外，紅二代與團派也表現式微。

房峰輝與張陽落選十九大代表

　　軍方十九大代表名單中，現役上將、中共前總參謀長房峰輝

和政治工作部主任張陽雙雙落選。這一跡象進一步佐證了二人出事的消息。

9月1日至4日，包括路透社、《朝日新聞》、《星島日報》、《明報》等多家外媒及港媒披露，房峰輝與張陽被調查。房峰輝的總參謀長職位是2017年8月下旬被陸軍司令員李作成取代。9月7日，中共海軍政委苗華首次以政治工作部主任的身分現身軍方在北京舉行的有關活動，顯示張陽已去職。

據港媒披露，調查房峰輝、張陽等人，是習近平在軍中「全面徹底肅清郭伯雄、徐才厚流毒」的一部分。他倆被調查，為習近平調整中共19屆中央軍委鋪路。

9月8日，海外網路披露張陽貪腐細節，稱張陽在廣州軍區任職期間，與多個商人關係密切，私下收受財物；其別墅裝修花費高達300多萬人民幣，全部是由他人支付。

9月10日，網路曝光郭伯雄與房峰輝關係密切。據稱，房峰輝為上位，不惜當著外人的面直呼郭伯雄為「姐夫」，後者也相當受用。

港媒此前報導，房峰輝是郭伯雄的「頭馬」。房峰輝從任第21集團軍副軍長、軍長時，就成了時任蘭州軍區司令員的郭伯雄的下屬。在郭的提拔下，房峰輝步步高升。坊間傳聞稱：2014年傳出郭伯雄接受調查的消息時，房峰輝當時在北京民族飯店與郭家人吃飯曾揚言，「誰要是敢動老首長，我一槍崩了他。」

吳勝利傳被查 仍現軍方十九大名單中

與房峰輝、張陽同時傳出被查消息的還有原海軍司令吳勝

利。但吳勝利與剛剛卸任空軍司令的「紅二代」馬曉天依舊出現在軍方十九大代表名單中。

據日本共同社 9 月 1 日報導，中共軍方前海軍司令員吳勝利涉嫌違紀正在接受調查。

2017 年 1 月，南海艦隊原司令員沈金龍升任海軍司令員；任海軍司令員長達 11 年的吳勝利卸職。

隨後有消息稱，中共海軍司令吳勝利退休事出有因，不久前吳坐鎮遼寧號環繞台灣，本來台灣很緊張，台軍機頻頻升空，試探遼寧號反映，結果發現遼寧號上的飛機根本無法在夜間起飛，暴露了中共海軍的真實實力。這讓習近平很惱火，習順勢撤換了吳勝利。

近年來，海軍多名將領「墜樓身亡」、高層出事傳聞不斷。早在 2015 年，新浪微博文章「海院打虎風暴」稱，海軍剛退的上將政委劉曉江（胡耀邦的女婿）實名舉報吳勝利貪腐。

吳勝利被傳調查之際，仍現身軍方十九大代表名單；他是否能平安著陸，還是個未知數。

政工部高層「全軍覆沒」

除了政工部主任張陽傳出被查外，其全部副手——賈廷安、杜恆岩、吳昌德都沒有出現十九大軍方代表名單之中。英媒報導稱，原政工部領導無一人入選十九大代表，顯示該部門高層將被徹底撤換。

此前港媒消息稱，政工部副主任杜恆岩已與房峰輝、張陽一同落馬受查。

而中共前黨魁江澤民的心腹大祕、前軍委總政治部副主任賈廷安被踢出中共十九大代表名單，尤其引外界關注。9月8日，路透社稱，賈廷安等人不在十九大代表名單上，這是一個非常清晰的信號，他們的政治生涯已經結束。

現年65歲的賈廷安自1982年起，在電子工業部擔任江澤民的祕書，直到2004年江澤民卸任中共軍委主席。從未當過一天兵的賈廷安，2003年被江安插在中央軍委辦公廳擔任主任。2008年，賈轉任總政部副主任。

賈廷安相當於江澤民安插在軍隊中的「監軍」。賈廷安曾聯合徐才厚、郭伯雄兩名軍委副主席架空胡錦濤。賈廷安還是軍中「河南幫幫主」。

近年來，網上多次傳出賈廷安出事的消息。

2015年1月，《炎黃春秋》雜誌曾刊登中共少將張金昌的文章，披露已經落馬的原海軍副司令員王守業的諸多黑幕，稱賈廷安和江澤民是王守業的後台。

2016年11月，港媒再次披露，9月中旬至10月中旬，中共軍方5次召開高層會議，會議結束後不久，至少有5名現役或退役上將接受調查或被雙規，其中包括賈廷安。

賈廷安的仕途命運將是習近平當局圍剿江澤民的一個風向標。

諸多現役上將落選 現高危信號

與十八大時38名現役上將僅4人因年齡原因未當選代表相比，十九大代表中的現役上將有更多人未當選。

公開資料顯示，習近平自 2012 年迄今，已晉升了 28 名上將。但習近平 2013 年晉升的 6 名上將中無一人入選十九大代表，他們是軍委政工部副主任吳昌德、軍委發展裝備部政委王洪堯、曾任武警政委但在 2017 年 1 月被免的孫思敬、在 2017 年 3 月被免的戰略支援部隊原政委劉福連、原軍事科學院院長蔡英挺和現軍委聯合參謀部副參謀長徐粉林。

而習近平 2014 年晉升的上將有軍委聯合參謀部副參謀長戚建國，曾任南京軍區司令員但在 2017 年 1 月被免的王教成，曾任北部戰區政委但在 2017 年 4 月被免的褚益民，廣州軍區政委魏亮。這 4 人中只有魏亮 1 人為十九大代表。

2015 年，習近平晉升了 10 名上將，他們是軍委聯合參謀部副參謀長王冠中、中部戰區政委殷方龍、海軍原政委現軍委政工部主任苗華、國防大學校長張仕波、北京軍區司令員宋普選、蘭州軍區司令員劉粵軍、濟南軍區司令員趙宗岐、南京軍區政委鄭衛平、現任軍委聯合參謀部參謀長的李作成、武警部隊司令員王寧。在這 10 人中，王冠中和張仕波未入選十九大代表。

2016 年 7 月晉升的上將是西部戰區政委朱福熙和軍委聯合參謀部副參謀長乙曉光。朱福熙未在十九大代表名單中。

從業已披露的信息看，這些落選十九大代表的將領中除了年齡因素外，大多與徐才厚、郭伯雄、或者與周永康有牽連；尤其是早期被提拔的將領。

比如，徐粉林、褚益民等將領深具郭伯雄、徐才厚派系色彩。62 歲的蔡英挺曾任中共前軍委副主席張萬年的祕書，而張萬年是江澤民的鐵桿，十六大時曾對胡錦濤進行逼宮，讓江澤民留任軍委主席，架空胡錦濤。

　　2015 年，七大軍區撤銷，組建五大戰區。當時有消息說，前南京軍區司令蔡英挺和前廣州軍區司令徐粉林都被邊緣化。隨後，蔡英挺轉任軍事科學院院長，徐粉林轉任聯合參謀部副參謀長；二人都未能出任戰區長官。

　　而西部戰區政委朱福熙 2017 年初曾傳出被查的消息，據信他是徐才厚的心腹舊部。

　　除房峰輝和張陽外，是否還有更多上將級別將領落馬，料是十九大前後中國時局的焦點之一。

第二節

160 軍級老虎落馬
僅公布了 71 人

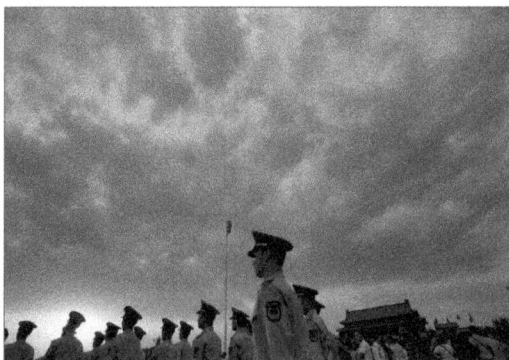

中共江派把持軍權 20 多年，落馬的「軍老虎」大多都是江澤民的心腹郭伯雄、徐才厚提拔的親信。（Getty Images）

據中共官方披露的數據顯示，中共十八大後至今，當局共查處了近 160 名軍級以上軍官，但對外公布的人數，據不完全統計，共有 71 人。

也就是說，被查的軍老虎中，官方只公布了一半。人們不禁要問，剩下的一般何時公布？或者官方不願公布，只是內部處理？

被公布的 7 名落馬上將是：徐才厚、郭伯雄、房峰輝、張陽、田修思、王建平、王喜斌這五名落馬上將，都被指是「郭伯雄、徐才厚的流毒」。

此外，當局拿下的軍區級將領共有 9 人，他們是：成都軍區副司令楊金山、總後勤部副部長劉錚、蘭州軍區副政委范長祕、

第二砲兵副政委於大清、第二砲兵副政委張東水、第二砲兵副司令員王久榮、廣州軍區空軍原政委王玉發、武警部隊副司令員牛志忠、濟南軍區原參謀長張鳴。他們大多都是郭伯雄、徐才厚的心腹或親信。

當局拿下的正軍級將領有 25 人：瀋陽軍區聯勤部原部長王愛國，黑龍江省軍區原司令員寇鐵，山西省軍區原司令員方文平，蘭州軍區聯勤部原部長占國橋，濟南軍區原副參謀長張祁斌，湖北省軍區原司令員苑世軍，四川省軍區原政委葉萬勇，成都軍區聯勤部原部長朱和平，武警交通指揮部原司令員劉占琪，國防大學政治部原副主任段天杰，總後勤部軍需物資油料部原副部長周國泰，總裝備部通用裝備保障部原部長李明泉，北京軍區聯勤部原部長董明祥；

蘭州軍區聯勤部原政委鄧瑞華，蘭州軍區聯勤部原部長張萬松，浙江省軍區原司令員傅怡，南京軍區政治部原副主任周明貴，廣州軍區空軍後勤部原部長王聲，武警交通指揮部原政委王信，武警工程大學原校長沈濤，軍事科學院科研指導部原部長黃星，空軍後勤部原部長朱洪達，總後勤部軍需物資油料部原部長周林和，武警部隊政治部原副主任侯小勤，濟南軍區第 26 集團軍原軍長張岩。

落馬的副軍級軍官有 30 人：防空兵指揮學院原政委王明貴，信息工程大學原副政委高小燕（女），南京政治學院原政治部主任馬向東，總後勤部司令部原副參謀長符林國，黑龍江省軍區副原司令員張代新，山西省軍區政治部原主任黃獻軍，湖北省軍區原副司令員占俊，西藏軍區原副政委衛晉，浙江公安消防總隊原政委程永利，總參謀部管理保障部原副部長劉洪杰，浙江省軍區

原副政委郭正鋼，廣州軍區聯勤部原副部長陳劍鋒，海軍北海艦隊原副參謀長程杰，海軍南海艦隊裝備部原部長汪玉；

北京軍區空軍政治部原副主任陳紅岩，二砲工程大學原副政委吳瑞忠，武警交通指揮部原副司令員瞿木田，武警交通指揮部原總工程師繆貴榮，武警福建總隊原司令員楊海，廣東省公安廳黨委原副書記蔡廣遼，江蘇公安消防總隊原總隊長馬德文，新疆公安邊防總隊原總隊長張根恆，公安部警衛局原副局長尹志山，武警江蘇總隊原司令員於鐵民，天津公安消防總隊原政委徐豪元，天津警備區原參謀長王東，武警河北總隊原司令員李志堅，南京政治學院原副院長戴維民，湖北省軍區原副司令員蘭偉杰，二砲第55基地副司令員陳強。

當局雖然查處了近160名軍級以上官員，但房峰輝落馬後，中共軍報再次說，「徹底肅清郭伯雄、徐才厚流毒影響」和反腐敗鬥爭任重道遠。

第三節

官場空前糜爛 反腐救不了中共

18屆七中全會確認兩名上將：中共空軍前政委田修思和前副總參謀長（武警部隊原司令員）王建平被開除中共黨籍。（Getty Images）

18屆中央委員會中35人落馬

　　2017年10月14日，為期四天的中共18屆七中全會結束。官方發布的七中全會公報稱，全會審議並通過了中紀委會關於孫政才、黃興國、李立國、孫懷山、吳愛英、蘇樹林、楊煥寧、王三運、項俊波、李雲峰、楊崇勇、張喜武、莫建成嚴重違紀問題的審查報告，審議並通過了中共中央軍事委員會關於王建平、田修思嚴重違紀問題的審查報告，確認中央政治局之前做出的給予孫政才、黃興國、孫懷山、吳愛英、蘇樹林、王三運、項俊波、王建平、田修思、李雲峰、楊崇勇、莫建成開除黨籍處分，給予李立國、楊煥寧留黨察看二年處分，給予張喜武撤銷黨內職務處分。

　　七中全會確認了對孫政才等11名中委、李雲峰等4名候補中委的處分，是十八大以來處分最多的一次中全會。18屆中央委

員會中有 205 名中央委員和 171 名中央候補委員。

10 月 16 日，大陸《經濟日報》盤點，十八大以來，共有 18 名 18 屆中央委員落馬，17 名中央候補委員落馬，即 18 屆中央委員會中，共有 35 名委員落馬。

截至目前，18 屆中央委員會 18 名落馬的中委，分別是蔣潔敏、李東生、楊金山、令計劃、周本順、楊棟梁、蘇樹林、王珉、田修思、黃興國、王建平、李立國、孫懷山、項俊波、王三運、孫政才（中央政治局委員）、楊煥寧、吳愛英。

17 名落馬的中候委，分別為李春城、王永春、萬慶良、陳川平、潘逸陽、朱明國、王敏、楊衛澤、范長祕、仇和、餘遠輝、呂錫文、李雲峰、牛志忠、楊崇勇、張喜武和莫建成。

中央委員、民政部原部長李立國被留黨察看二年，行政撤職，降為副局級非領導職務，中央委員、安監總局原局長楊煥寧被留黨察看二年、行政撤職，降為副局級非領導職務。中央候補委員、國資委原黨委副書記張喜武被撤銷黨內職務，行政撤職，降為正局級非領導職務。

落馬的中委、中候委，占整個 18 屆中央委員會大約一成，顯示貪腐高官之多。據報導，十八大以來的五年中，已經至少有 130 餘名省部級及以上官員落馬。中紀委監察部網站刊文表示，五年來，共處分了近 200 萬名黨員。

前司法部長落馬 十八大後重磅女老虎

官方發布的七中全會公報首次公布了對司法部原部長吳愛英查處的消息。大陸媒體報導說，吳愛英是十八大後最重磅的「女

老虎」。

2017 年 2 月，吳愛英被免司法部長之職。5 月 25 日，司法部原黨組成員、政治部原主任盧恩光被「雙開」並移送司法機關後，官方曾提到「司法部有關領導有重大責任」。

吳愛英被指是江澤民提拔起來的首名女司法部長。也有港媒披露，吳愛英是借助山東的老上司王樂泉攀上周永康而進入政法系的。在周永康任中共政法委書記期間，吳愛英一直要律師配合周的「維穩」政策。

大陸財新網報導，吳愛英是三屆中共中央候補委員、兩屆中央委員；2005 年至 2017 年初執掌司法部長達 12 年，任內多項舉措加強對律師執業活動的監管。

香港《蘋果日報》報導，吳愛英屬江派，在位期間一直配合江派周永康的所謂「維穩政策」打壓律師，並且發生了震驚中外的「709」維權律師大搜捕事件，被外界認為是與習近平要求的「依法治國」大唱反調。

2015 年 6 月，中共司法部特別布署了多項針對律師群體的管理措施，引發律界不滿，批這是「文革」重現。2016 年 10 月，大陸一百多名律師和公民曾經聯署，要求罷免吳愛英的司法部長職務，指稱她帶頭的中共司法部領導層長期集體對抗憲法、法律。多名參與聯署的維權律師還因此遭到威脅。

一名大陸普通的律師曾以「中國的司法腐敗已到了亡黨亡國的地步」為題，披露一些黑幕並講述身為律師的親身感受。他說，法官判案是「揣著明白裝糊塗」，一起案件的司法過程如同一場遊戲。「請不要說我是搞法律的，我只是被法律搞。」

黑暗的中共司法系統，製造出無數起冤案錯案。特別是 1999

年江澤民殘酷迫害法輪功以來，其親信周永康掌控的中共公、檢、法、國安和武警系統，造成每年數千萬民眾上訪、冤假錯案遍地。

此外，吳愛英早在山東任副省長、副省委書記時，就積極追隨江澤民迫害法輪功的政策，夥同江派先後兩任山東省委書記吳官正、張高麗一起殘酷迫害法輪功學員。

「追查國際」的追查通告說，經查實，自 1999 年 7 月 20 日江澤民犯罪集團公開鎮壓法輪功以來，吳官正（原山東省委書記）、張高麗（原山東省委書記）、吳愛英（原山東省委副書記）等人，直接操縱、指揮山東省政法系統對法輪功的迫害，導致山東省成為全國打壓法輪功最嚴重的省分之一。

經國際人權組織證實，截至 2004 年 2 月 24 日，山東省被迫害致死的法輪功學員至少達 100 人，居全國第三位。

7 名現任中央紀委委員被處分

18 屆中紀委的 120 多委員中，已有七人被處分。分別是申維辰、梁濱、王仲田、李建波、曲淑輝、李剛、劉生杰。其中兩人被雙開，兩人被撤職。中央軍委後勤保障部副部長劉生杰被撤銷中紀委委員職務。

港媒稱，除了七人被處分，18 屆中紀委委員中的 77 人因為屆齡退休或是職務變動，不會再留任紀委。

紀檢系統官員本是習近平所依仗的強力反腐打虎的主力軍，但是紀委系統不斷曝出「內鬼」。

七中全會上查處的中共中央候補委員、中紀委駐財政部紀檢組長莫建成就是其中一個。莫建成此前曾先後在內蒙古、江西兩

地任職，歷任內蒙古黨委常委、宣傳部長，江西省委常委、組織部長，江西省常務副省長、省委副書記等職。2015年12月起其轉任中紀委駐財政部紀檢組長、財政部黨組成員，在財政部排在部領導班子第三位。

中共官媒微信公號「長安街知事」曾報導，2010年後莫建成在江西與時任省委書記蘇榮有多年工作交集。蘇榮任省委書記時，莫建成是組織部長。報導說，莫建成調離江西不久，2016年10月8日，巡視組「回頭看」反饋中再被提及，要求全面肅清蘇榮「餘毒」影響。

江西是曾慶紅的老家，長期以來是曾的勢力範圍。其中，中共全國政協原副主席、江西原省委書記蘇榮是中共十八大以來被打下的首個副國級高官，並因此引發江西官場地震。蘇榮是曾慶紅的心腹，由曾慶紅一手提拔。2014年6月蘇榮落馬，2017年初因受賄1.16億人民幣被判無期徒刑。

中紀委「內鬼」還有：中央紀委第六紀檢監察室原副處長袁衛華，第四紀檢監察室原主任魏健，十一紀檢監察室原副局級紀律檢查員、監察專員劉建營，第九紀檢監察室原副主任、原正局級紀檢專員、監察專員明玉清，第六紀檢監察室副處長袁衛華，第六紀檢監察室原副局級紀律檢查員、監察專員羅凱，第十二紀檢監察室原處長申英，第八紀檢監察室原處長原屹峰等。

據官媒披露，自十八大以來，中紀委機關已有38人被處理，其中17人被立案查處、21人被調職；整個紀檢監察系統共處分7200餘人、處理2100餘人。

港媒則披露，紀委內鬼太多，王岐山對中共腐敗已絕望。

兩上將被查 17 屆軍委幾乎全覆滅

七中全會確認兩名上將，中共空軍前政委田修思和前副總參謀長（武警部隊原司令員）王建平被開除中共黨籍。這是王建平、田修思分別於 2016 年 12 月、7 月被調查後首次被當局公開處理。

目前習近平當局公開處理的中共上將已有五名，分別是中共前軍委副主席徐才厚、郭伯雄，空軍前政委田修思，武警部隊前司令員王建平，國防大學前校長王喜斌，他們被稱為中共「五腐上將」。

十九大前，外界紛傳，中共軍委聯合參謀部前參謀長房峰輝和政治工作部前主任張陽也被當局調查，但官方至今未公開消息。房峰輝和張陽已不在十九大代表名單中。

自徐才厚落馬之後，就不斷有消息稱，前國防部長梁光烈已被長時間調查，之後梁主動退贓才未立即步徐才厚的後塵。

香港《南華早報》2016 年 8 月初曾引述消息人士報導，兩名退休上將李繼耐及廖錫龍當年 7 月被帶走，但不確定他們是本人被調查或只是協助調查。

李繼耐和廖錫龍都在 2013 年退休。

2017 年 9 月 1 日，日本共同社報導，中共軍方前海軍司令員吳勝利涉嫌違紀正在接受調查。其案由中紀委負責調查。他於 2017 年 1 月卸去海軍司令員一職。

至此中共第 17 屆軍委當中的副主席郭伯雄、徐才厚，軍委委員梁光烈、李繼耐、廖錫龍、吳勝利或已落馬或傳出被調查，幾乎全軍覆沒。而當時的軍委主席胡錦濤被江澤民的鐵桿郭伯雄、徐才厚架空。

落馬的上將和傳被查的兩名上將房峰輝、張陽，多被指是郭伯雄、徐才厚的親信。其中田修思被指是郭伯雄的親信，王建平被指是徐才厚、周永康的心腹。

現年 67 歲的田修思是河南孟州人，曾在蘭州軍區工作近 40 年，而郭伯雄曾任蘭州軍區司令員，在任期間提拔了不少將官。

郭伯雄出任中共中央軍委副主席後，田修思快速升遷，從 2002 年到 2009 年短短 7 年間，就完成了從正軍職向大軍區正職的跨越，他從陸軍第 21 集團軍政委升任為成都軍區政委。

2012 年 10 月，毫無空軍經歷的時任成都軍區政委的田修思突然被空降為空軍政委。港媒說，田修思是在郭伯雄、徐才厚的幫助下，前後花了約 5000 萬元人民幣才跨軍種出任空軍政委。

田修思擔任高級將領後，被曝「脾氣大、嗓門高，一不順心就張口開罵」，據悉曾經有兩名軍官「因為他一句話被勞教兩年」。

徐才厚、郭伯雄分別於 2014 年 6 月、2015 年 7 月落馬，田修思也在 2015 年 8 月轉任中共人大，2016 年 7 月被調查。

剛滿 64 周歲的王建平，是首名落馬的現役上將。他不僅與「軍老虎」郭伯雄、徐才厚關係密切，還與江派大員、前政法委書記周永康也關係密切。

王建平早年在瀋陽軍區下轄的第 40 集團軍服役，而徐才厚曾長期在瀋陽軍區任職。徐才厚落馬半年後，王建平 2014 年底由武警部隊司令員調任副總參謀長。

王建平當時調任副總參謀長時，雖然級別沒變，可他的老家撫順已有傳聞：「拿掉王建平的實權是為了揭武警部隊貪腐的蓋子。」

王建平從 2009 至 2012 年間任武警部隊司令員時，直接向時任中共中央政法委書記的周永康報告工作。

據悉，由王建平把持的武警部隊是周永康、薄熙來政變主要依靠的軍事力量。周永康、薄熙來、曾慶紅、江澤民等人密謀的政變在 2012 年 2 月曝光後，薄熙來於同年 3 月 15 日被抓。

就在薄熙來被抓四天後，據悉周永康為了搶奪薄熙來案的關鍵證人大連實德富商徐明，曾發動「3‧19」未遂政變。港媒稱，周永康當時調動大規模的武警部隊，還包圍新華門和天安門。胡錦濤急調 38 軍入京，38 軍士兵同政法委大樓外的武警發生對峙，武警對空鳴槍示警，但 38 軍的部隊迅速將眾武警繳械。當晚不少北京市民都聽到槍聲。

周永康於 2014 年 7 月落馬後，其掌控的武警部隊被大規模地清洗，包括武警部隊前司令員王建平、武警部隊副司令員牛志忠、武警政治部副主任侯小勤、武警交通指揮部司令員劉占琪、武警福建省總隊司令員楊海、武警江蘇省總隊司令員於鐵民、武警河北省總隊司令李志堅等。

更大巨貪江澤民曾慶紅等未被查辦

五年前，江澤民、曾慶紅的勢力仍控制著中共內政外交的一切領域，胡錦濤當政十年，做了十年「兒皇帝」。習近平上台後，殺出了一條血路，打掉眾多江派高官。隨著習近平登頂「習核心」，江派勢力一去不復返。

七中全會公報中首次出現「反腐敗鬥爭壓倒性態勢已經形成並鞏固發展」的說法。習近平上台以來發動的反腐運動，從幾年

前的「兩軍對壘，呈膠著狀態」到如今的「壓倒性態勢已經形成並鞏固發展」，顯示習近平當局經過五年時間，與江派人馬的鬥爭，目前已將「壓倒性態勢鞏固發展」。而且七中全會上，習近平的地位再次得以鞏固。

但是至今，習當局的反腐仍未觸及江澤民和曾慶紅兩大貪腐家族。

江澤民當政期間，本人帶頭貪腐，其子江綿恆被指為「中國第一貪」。

中共內部最大的利益集團就是江澤民集團。江澤民在位期間，把中共內部的腐敗發展成為制度性、系統性和公開性的腐敗，中共官場全面腐敗墮落，無藥可治。江澤民被稱為中共腐敗的「總教練」。

江澤民縱容腐敗的政策，使得大量中共各級官員為權錢聚集在江澤民周圍，尤其是身居中共高位的眾多江澤民親信，其家族都富可敵國，比如曾慶紅家族、劉雲山家族等。

外界認為，江澤民家族貪腐所涉金額之巨難以估量。1994年，江綿恆用數百萬人民幣「貸款」買下上海市經委價值上億元的上海聯合投資公司。幾年間江綿恆已建立起龐大的電信王國，並染指上海眾多重要的經濟領域。

早在2003年，海外即有報導說，江澤民在瑞士銀行有3.5億美元的祕密存款，江還在印尼的巴厘島有一棟豪宅。

中共的國企方面，石油、電信、鐵道、金融等利益最豐厚的企業都被江澤民、曾慶紅、周永康、劉雲山、李長春等家族長期掌控。

港媒《爭鳴》2017年4月號報導，中共兩會結束後，3月18

日，中紀委副書記趙洪祝、中組部長趙樂際在北京玉泉山幹休所約談曾慶紅及其兄弟、中共前文化部特別巡視員、文化部駐香港特派員曾慶淮，約談內容主要是曾慶紅家族在經濟領域和在境外社會活動的情況。

報導說，曾慶紅、曾慶淮兩兄弟的家屬在國內、港澳、外國持有 400 億至 450 億元人民幣資產，其中在香港 28 億至 30 億元、澳門 10 億元。在澳洲、新西蘭、新加坡、馬來西亞、泰國等持有 36 億美元至 40 億美元。

此外，曾慶紅兒子曾偉在澳洲、新西蘭開設公司都以中資名義，每年貿易額 25 億至 30 億美元。曾偉在澳洲、新西蘭持有物業 20 餘幢，至今和國內企業有商業活動。報導稱，曾偉已四年未回大陸探親。

而曾慶淮女兒曾寶寶是五家上市公司的副董事總經理、副總經理、執行董事。她在深圳、廣州、南昌、武漢的地產收入就超過 400 億元人民幣。而她興建的深圳豪華大廈，資金全由銀行借貸買入土地。

此前多方報導指，曾慶紅家族的貪腐規模驚人，僅僅其子曾偉就曾經通過魯能案侵吞 700 億人民幣。

曾慶紅兒媳蔣梅則被指與哈爾濱仁和房地產老闆戴永革相互勾結，大搞非法集資洗錢活動，掠奪和轉移贓款超過千億之多。

據報，對上述曾慶紅家族斂財的情況，中紀委已完全掌握。

中共官員不信馬列 黨媒自曝危機

2017 年 10 月 12 日，《人民日報》發表題為「信馬列豈能拜

鬼神」的文章，以前四川省高官李春城和江西安遠縣委原書記鄭光華等為例稱，這些官員或濫用職權進行封建迷信活動，公事私事都請風水先生做道場，或常年佩戴「求神避邪」符，把風水先生奉為「座上賓」。

陸媒此前報導稱，十八大以來，落馬官員搞「封建迷信」、不信馬列信鬼神的新聞頻見報端，上至正國級周永康，下至縣委書記邊飛。

2007年5月22日《南方都市報》曾發表題為《官員緣何不信馬列信鬼神》的文章。文章說，信馬列和信鬼神不能簡單地對比，但信不信馬列，對許多官員來說，並不對自己的利益產生影響，只有說不說馬列才產生影響，所以他們公開言說馬列主義，私下裡求神拜佛。

港媒2016年4月曾披露，中共面臨意識形態全面失敗問題，主要徵兆是90％的黨員有「第二信仰」。

2015年中共未完成的一內部調研報告稱，中共司局級及以下離退休幹部熱中「含有宗教信仰內容」活動的比例達67％。

上述調研的簡報本送到中共書記處，消息人士說，「多數政治局委員被驚呆了」。

但2017年過年後的情況反饋卻讓北京高層頭疼不已。以湖北武漢歸元寺為例，初一「搶頭香」傳統儀式參加者比前年增加5.9倍，外地人數純增23萬。依據入住賓館身分證信息對其中1000人在中共組織系統信息庫隨機抽查其身分，黨員幹部與家屬達710人。

文章表示，這從一個側面說明，中共以意識形態代替宗教信仰的政治控制政策失敗，或面臨政治信仰崩潰危局。

制度性腐敗 習近平王岐山挑戰體制

習近平十八大上任後，發動「老虎蒼蠅一起打」的反腐運動。

據中共官方之前的資料，十八大以來，已在中央、省、地三級立案偵辦 243 萬多個案件，受處分者達 237 萬多人。但外界認為實際數字遠不止這些，更多的反腐數據被中共刻意掩蓋。有消息說：中共紀檢系統壓下的不回覆舉報材料已超過 500 萬份，「一百年也處理不清」。

目前已經被查處的涉貪落馬官員人數之多、級別之高、數額之巨，「登峰造極」。原中共監察部官員王友群曾對《大紀元》記者表示，中共的腐敗已經達到了人類有史以來「登峰造極」的地步。就像癌細胞一樣，一批癌細胞被殺死了，成千上萬的癌細胞又被複製出來了。防不勝防，無藥可治。究其根源，中共的理論、體制、機制都是滋生腐敗的土壤。

而中共大規模制度性腐敗始於江澤民。江當政期間，中共官場幾乎到了無官不貪的地步。造成這種局面除了共產極權制度的根本因素外，江澤民實行「腐敗治國」政策讓中共官場空前糜爛。

時政評論員夏小強表示，中共體制已經腐敗到骨髓，不可救藥。在中共內部要找到一個不貪的官員，難度很大。而且這個體制只要存在一天，就會自動產生出新的腐敗，就像癌細胞的自動複製和擴散一樣無法救治。

夏小強認為，如果習當局動真格地反腐，等於是在向中共體制挑戰，自然就會被這個體制自動視為最大的威脅，就會成為這個體制的消滅對象。這個體制將會糾集全部的力量，來消滅對其的威脅。如今習近平和王岐山，面對的就是這樣的局面。

第四節

全民三退 解體中共

截至 2018 年 2 月 5 日,退出中共黨、團、隊的「三退」人數有 2 億 9652 萬 2163 人。近 3 億中國人已作出良知道德的選擇。（大紀元）

【編按】本文選自大紀元發表於 2016 年 2 月 5 日的「三退徵文」《一位老闆和千名員工的三退奇觀》,作者佟仁。自從 2004 年底以來,在《大紀元》三退網站公開聲明退出中共黨團隊的人數已近 3 億人。

　　離上班的時間只有半個小時了,我急切地想結束今早的這最後一通電話。可是,又實在不忍心按下鼠標,因為那位老闆在電話的那頭一個勁兒地感謝我,說要替他的 1352 名親人報答我的辛苦。我不得不用很快的語速告訴他,接下來還會和他繼續聯繫,需要完成還沒有來得及完成的程式。

　　這位老闆說的「1352 名親人」,除了一人是他在接聽我的電話時正在辦公室與他聊天的一位朋友,其中的 1351 人都是他公

司的員工。他之所以如此稱呼，是因為不僅他本人在我第一次與他通話時就很爽快地聲明了「三退」（退出共產黨、共青團、少先隊），而且在隨後我與他的幾次長時間通話中，他完全認同了我說的：「您的朋友和手下的員工都與您很有緣份，說不定以前都是您的親人。」以致於最後他樂觀促成了他的公司全員三退。

從一個夢說起

如果這個故事不是自己親身經歷，我還不能如此深切體悟生命的邂逅是如此神奇，無法真正理解和感受如今中國大地人心的巨變和人的覺醒。

還是從我做的一個夢說起。

我不止一次地做同一個夢，可從來都沒有做這麼長的一個夢。那天晚上，剛入睡就進入夢境，夢醒時剛好是定時起床的鬧鐘響起。夢中的景象，時而朦朧，時而清晰，不僅目不暇接，而且驚天動地。

記得那天起床後，心裡久久不能平靜。我不顧一貫早上時間的緊張，坐在沙發上靜靜地過了一遍彷彿剛剛看過的電影：

還是通往我童年時代老家的那條青石板路。很清楚，就是它。青山依舊，但物是人非。

當我坐著一個彷彿纜車似的飛行物在它的上空急速前行，我俯瞰著腳下一片廣袤的土地，突然看見一大片黑壓壓的人沿路邊橫七豎八地躺著，從高空無法判斷他們是否還有生命跡象，只是隱約感覺在路的盡頭有一條萬丈深淵，稍有不慎，就會牽一髮而動全身，全部的人馬就會滾落下去。我除了焦急，還有自責：怎

麼會這樣？我之前怎麼沒有一個一個地去找到他們？

我使出渾身力氣，想給他們做人工呼吸，可是，人數眾多，即使有回天之力，也難免顧此失彼。我一下靈感突發，想起了一個絕招：告訴他們快喊救命的九字吉言——「法輪大法好！真善忍好！」可是，我又擔心，茫茫天地之間，我的聲音會不會微乎其微？

情急之下，我還是鎮靜地清了清嗓門，將聲音調整到唱歌使用的美聲唱法的那種狀態。當我用強大的共鳴音只喊出「法輪大法好」中的前兩個字時，瞬間見到這群人齊刷刷地變成了翻身抬頭的姿勢。

我備受鼓舞。這時，我被源源不斷地輸送來了能量的補給。

時間彷彿一會兒急速穿越，一會兒又瞬間凝結。當我底氣十足地喊完「法輪大法好」時，剎那間，所有的人又一躍而起，全部起身筆挺地站立，既好像面面相覷，又好像彼此相依，等待著我接著發出什麼「指令」。

當我一鼓作氣地喊完「法輪大法好！真善忍好！」時，天地間傳來了跟著我喊這九字吉言的整齊合聲。我不敢相信自己的耳朵，好像從來沒有聽到過如此撼人心魄的聲音：似雷？似電？似雷公電母破長空，震耳欲聾。

而伴隨著這震撼天宇的聲音，我熱淚盈眶，微微地向他們點頭示意。接著，這群人向我彎腰鞠躬，揮手道別。我與他們相約，在今後溫暖而甜美的春天裡。

我被這夢境感動和震撼了，醒來後久久不能平靜。

我是一個法輪大法修煉者，我明白：一群瀕臨死亡邊緣的人，就因為跟著我喊了一聲我的師父教我的「法輪大法好！真善忍

好！」瞬間就變成了得救的生命。

我深信：這絕不僅僅是夢。

雖然我並不知道這個夢所對應的現實路徑，可是，每天忙碌的生活提醒自己，不必為此思慮，可能其中包含著我的某種使命，也許「功到自然成」。

撥打真相電話勸「三退」

放下了一切想法，甚至刻意塵封了對這個夢境的記憶。我按照每天的時間慣例，來完成我當天的必修課之一，給大陸民眾撥打真相電話勸三退。

這天早上，不知不覺間撥打了快三個小時，雖然馬上臨近我的上班時間，但當天的八包號碼還剩下最後一通，我不想留下這個小尾巴。於是，我火急火燎地撥通了這八十個號碼中的最後一個。

很順利，電話那頭很快傳來接聽的聲音。由於兩地時差的原因，我略帶歉意地說，「這位先生，晚上好！這麼晚了給您打來電話，是有一件很重要的事跟您說。」

「哦，我還沒下班，不晚。什麼事啊？請講！」我一下感受到了對方的涵養、善心和誠意。憑藉在海外四年多三退義工的經驗，覺得這人三退「有戲！」

但是，我的時間很緊，沒法循序漸進，只好開宗明義：我跟您說的是「三退保平安！因為中國的巨變就在眼前，天要滅共產黨了，這是誰都擋不住的了。您如果入過共產黨，或者年輕的時候入過共青團，小時候入過少先隊，快點退出來了吧！不是找組

織或單位退，而是在心裡退，用個化名退就管用了，因為神佛看人心，就是希望您平平安安的。」

看到時間越來越接近臨界點，我不得不趁熱打鐵，著急地詢問：「請問您有沒入過黨、入過團呢？」拋出問題後，我下意識地想在事先備好的一堆化名中為他挑出自認為最好的一個。結果，還沒來得及選好，爽快的回答已傳到耳邊：「這事我知道，共產黨太壞了。我都加入過，麻煩你幫我退！」為了方便記憶，他重複了一下我送給他的化名，接著連連說感謝我。

雖然心裡著急時間，我還是放心不下，又用最簡潔的語言跟他講了法輪功真相。我說，「現在中國的局面就相當於古羅馬時期迫害基督徒，讓強大的古羅馬帝國經歷了四次大的瘟疫，淘汰了三分之二的人口。中國因為江澤民與共產黨之間相互利用迫害法輪功，把全中國人都綁架了。那個栽贓陷害法輪功的錄像《天安門自焚案》把中國人往火坑裡推呀！」

他打斷我的話說，「你等等，你說怎麼往火坑裡推啊？」我說，「您看，這個錄像全是造假的。多少人看了這個錄像，至少是誤解法輪功，然後仇恨法輪功，仇恨佛法，這都是天理不容的。法輪功修煉真善忍，教人做好人，現在洪傳到全球一百多個國家和地區，得到很多褒獎，可是只有在大陸是不能煉的，您想想難道全世界其他國家的人都是傻子嗎？」說到這，他又插了一句：「對，我們應該弘揚法輪功啊！」

最後，我又匆匆忙忙地加了一句：「您有機會一定要將『三退保平安』的消息告訴您的親朋好友，特別是家裡人。您如果告訴他們，讓他們也同意三退，記住九字吉言，就是在救他們，這將是功德無量的事！」

他突然回應我說，「我的公司有一千多人，全部退！」

我不敢相信自己的耳朵，當第一次聽到這突如其來的消息。

在自己過往做三退義工的經歷中，雖然也有群退的案例，譬如有親朋好友一起聚餐的 9 人全部退，同一間大學的 8 名大學生聚會時都爽快退，部隊同一個班的 11 名士兵全部退，同一個車間加夜班的 35 名工人全部退……這是他們本人都同意過，都親自表過態的。可是，這一千多號人，怎麼能做到這一點呢？

雖然有點高興，但當時更多的好像是憂慮。我揣量著：這可不是老闆說了能算的事情。多麼嚴肅和神聖，每個人都得自己對老天表態，任何人都代替不了別人。即使再牛的老闆，哪怕能說服他的所有員工，但是人數如此之多，操作起來一定是個難題！

集團公司老闆的「1352 名親人」

當天上班，我有些走神，甚至感到一種前所未有的焦慮。

我思量著，即使這位老闆手下的員工都同意三退，且不說操作的困難，就算我手頭長期積累的這不到 200 個化名，怎樣承擔這 1000 多人的聲明？

儘管我對過程和細節毫無把握，但我還是一邊請身邊的朋友幫我盡量收集到夠數的化名以備之需，一邊按照當天的約定不斷與那位老闆聯繫。

第二天，我如約又打通了那位老闆的電話。有了前一天電話中對話的鋪墊，第二次接電話顯得就如老熟人一般。電話中，他首先向正在他辦公室聊天的一位商界朋友介紹我是海外的退黨義工，並且成功勸說這位朋友退了黨，這就構成了本文開頭提及的

他那「1352 名親人」之一。

接著上一次電話中的話題，我告訴他能讓公司的員工三退，真是他的那些員工的福分，我發自內心的說，「您的朋友和手下的員工都與您很有緣份，說不定以前都是您的親人。」他聽了，非常感慨地說，「回想起來，真覺得就是這麼回事。」

同時，我也向他闡明三退的嚴肅性，「老闆您不能強迫，只能說服。每個員工必須自己表示同意退出，才能把入黨團隊的時候舉著拳頭發的那個不吉利的誓言作廢，天滅共產黨的那一天，所有的天災人禍才跟我們沒有關係。因為神佛看人心……」

他表示，他聽懂了我說的話。他還透露說，他公司現在的業績被政府人員緊盯，由於經濟形勢不好，共產黨想盡各種辦法收取各種苛捐雜稅。他說，他「看透了共產黨的邪惡，此前讀過的《九評共產黨》句句都是實話。」

他還向我透露，他畢業於大陸一所著名的大學，畢業後自己創業，現擁有一集團公司，員工百分之八十以上是大學畢業生，基本上加入過黨團隊。由於他給員工的福利超好，算得上是一個「厚道老闆」。因此，他很自信地表示，他有他的辦法讓每個員工自己表態同意三退。

我當然為他感到高興。一個生命能在這嚴峻的時刻做出這樣的承諾，不知他有多大的福分。

但是，我一邊聽著，一邊對人數眾多的操作難度照樣耿耿於懷。我甚至生怕對他的「辦法」進行任何設想會壞掉了他的一盤好棋。

而我唯一的辦法，就是始終不放棄與他繼續聯繫。

過了幾天，我給他的電話又通了。他照樣顯得很願意聽我講。

事業，家庭，人生；道德，知識，視野；大陸的時局，古今中外的預言，科學的最新發現；未來，天象，平安……，共鳴連連。我幾乎將多年來做三退義工講的所有內容都濃縮在這裡。

興緻所至、海闊天空一番後，我意識到自己講得太多，占用了對方太多的時間。當我為此向他表達歉意時，他好奇地詢問了我的學歷和背景，說我講得特別好聽，這也讓我備受鼓舞。我深深體會到：這應該就是人們所說的緣分！

在接下來的兩次通話中，他都不厭其煩地傾聽我給他反覆說做三退聲明的一些具體要求，每次他總是靜靜地聽著，不多言語，偶爾插一、二句話。我反覆強調每個人都必須自己表態同意，最後他很明白也很認同我所說的「心到佛知」的道理。

他說，他雖然是理工科出生，沒有研究什麼哲學，但他知道，「現在中共官場已經腐爛透頂，電視和報紙新聞沒有真話，全是愚弄百姓。中共治下的中國人，普遍不信神佛、不信天地，所以就無法無天。撒謊、偷盜、搶劫、包二奶，都成了家常便飯，什麼壞事都敢幹，不問良心，不講道德，一切向錢看……」

我發自肺腑的感歎：他真是一個明白人！

整齊洪亮高喊九字吉言

當我再一次通過電話過問這件事的進展，甚至照樣向他表示很憂心這件事的繁瑣操作時，傳來了這位老闆自信滿滿的聲音：「很簡單了，這件事已經全部搞定！」

在電話裡，我再一次不敢相信自己的耳朵。

我迫不及待地想知道，是怎麼可以如此神速，解決這麼繁瑣

的一個問題。

這位老闆娓娓道來：兩天前，他的公司按照慣例召開了每月一次的員工大會，沒有像以往一樣談工作講效益，就只做了這麼一件事。

由於我依然帶著一種畏難情緒，還是不敢相信。但是，又迫不及待地想追問個究竟。

「就是按照你說的，每個人都在現場表態，同意退出黨團隊！」他比前幾次電話中說話要俐落得多。

我明顯感受到了對方的那種興奮和喜悅。他繼續與我分享他那一千多個員工一個不落地表態的細節和過程。

沒等他說完，我淚如泉湧，但盡量克制自己激動的心情。

我無法想像：在中共紅色恐怖遍及的大陸，這該要冒多大的風險，才能顯出如此膽識。我相信：他真的是冒著天膽下來聽我講真相的可貴的中國人！

他向我介紹說，他的公司有一千多人，因為會議廳只能容納八百人，每次的員工大會必須分兩撥進行，此次分兩次開會共花六個小時才做完了這件事。

他很得意地表示，以前開會，都是由他和中層以上幹部講話，可這次他只講了一個開場白，然後就開始傳話筒，將話語權交給每個人。

他對我說，「我告訴我的員工，十二天前，國外一名退黨義工打來電話，沒要我一分錢，為了我的平安，幫我用化名退了黨。共產黨是個什麼東西，大家心裡都清楚。人家講的很有道理，之前我也看過相關資料，我相信就是真的。所以今天我就把這個好消息告訴大家。你們有緣成為我的員工，我相信上輩子都是我

的親人，今天我知道了這件事而不告訴你們，我實在於心不忍。咱們福利要發，這件事也要做。我理解，做這件事甚至比錢還重要……」

「以前，咱們加入黨團隊的時候都是舉著右手發誓，說要為它奮鬥終身，把生命獻給他；今天，咱們同樣要舉著拳頭對老天表個態，在心裡退出這個魔鬼的組織，將以前發的那個毒的誓言作廢，天滅共產黨的時候，所有的天災人禍就跟咱們沒有關係了。就這麼簡單！這是一份不花錢的生命保險……」

我除了感佩他的明白，更欽佩他的勇氣，還敬佩他的好記性。

他幾乎將我說給他聽的話，都一五一十地告訴了他的員工。

他認真地告訴我，員工在聽清了他對會議的要求後，就按照就坐的順序，一個一個傳話筒，一個一個表態，以前加入了什麼，現在就說退什麼。有話則長，無話則短；有發表點感言的；有只說一句話表示退的，沒有任何人有任何異議，所以很順利，分兩場進行，共花了六個小時。

描述完後，他有點賣關子地說，「你肯定猜不到，最後我們的會堂出現什麼情景？」我憑感覺判斷，那麼善良和明白的老闆，會堂一定不會出現什麼不好的事情。

於是，我盡力往大家「擁抱」或「握手」這方面猜想，可這位老闆很詼諧地提醒我說：「膽大點猜！」

突然，我想起了我的那個夢，讓那一大批人得救的夢，「我猜想，可能你有員工在傳話筒的過程中喊了『法輪大法好！真善忍好！』？」

「還不夠大膽！」他帶著善意的一絲嘲笑。

不等我再進一步猜出答案，他道出了與我那個夢中相似的景

象：話筒傳完後，其中一個人喊出了「法輪大法好！真善忍好！」所有的人都跟著高喊，整齊洪亮的合聲在會堂上空久久迴盪。

母親和舅舅罹肺癌 結局大不同

雖然一直到今天，我都忽略了向這個老闆查實，那個帶頭喊九字吉言的人是不是他自己，但我記得我跟他講過我的母親和舅舅關於念九字吉言的故事。

七年前，我的母親經醫院幾次複查後確診為肺癌晚期，當時就是因為告訴了她九字吉言，在不到二個月的時間裡，她都在心裡誠心誠意地念「法輪大法好！真善忍好！」結果沒花一分錢的醫藥費，神奇般地恢復了身體，一直到現在都安然無恙，雖然年邁仍精神矍鑠。

而我的舅舅在六年前同樣被查出罹患肺癌，當時周圍的人都相信他得的是他們家族的遺傳病。我的表妹，就是我舅舅的女兒，也是一名法輪功修煉者，著急地告訴她的父親快點念九字吉言。遺憾的是，他不相信，他說他身為黨員幹部，怎麼會相信這種「迷信」。結果，他在四年多前去世了，即使是他至親的女兒也感到無能為力。

我想起我對這位老闆說，「每天都可看到海外明慧網有大量的因為誠念九字吉言而得福報的故事，有人說不相信，因為是別人說的，自己沒有看到，懷疑其是否真實。」我說，我也曾將家裡發生的這件事見諸明慧網，那麼這件事對別人而言，也是屬於沒有看到的事情。那您說，「這件事即使別人不相信，那我該不該相信呢？」

為了表示認同我的觀點，他還是對我說出了好像從來都是複製粘貼的那句話：「還真是這個道理！」

體會到真心善意 所以信任

聽著他描繪的一起高喊九字吉言情景，我彷彿又回到夢裡。

我好奇地問：「那些員工怎麼會那麼服你？」

「因為他們都知道我是為了他們好，不是要陷害他們。」他很肯定地說。

「他們能體會到我是為他們好，他們才信任我；就像我能體會到你是為我好，我才信任你一樣。」他的解釋非常樸實，但很有力。

「其實，是我的師父在救我們所有的人，包括你、我和他們！」我非常直白地告訴他這件事情。

雖然我說的很簡潔，但他明顯感受到擲地有聲。他很感慨地說，「明白，我相信神在人間，有機會請一定轉告對你們師父的問候！」

我向他表示感謝。當我告訴他，每年有兩次全球法輪大法心得交流會，我都有機會聆聽我的師父親臨現場講法。他很生羨慕，告訴我，他通過我傳給他的自由門軟件，已經在明慧網上看教功錄像，他希望他的員工們今後都能煉法輪功。

最後，他還向我透露了二個信息：其一，傳了自由門軟件給幾個商界朋友，他們使用之後都感到震驚並熱議，「法輪功一定會平反，一定會弘揚（洪傳）！」其二，兩天前公司的人事主管招收一名新員工，在其他條件都符合的情況下，遇上他附加一條，

問求職人敢不敢喊「打倒共產黨」？這位年輕的大學生斬釘截鐵地回答：「當然！」

天象使然 中共的氣數已盡

我確認，我經歷的就是一次實實在在的夢幻之旅。在自己做三退義工的經歷中，從來沒有這麼順溜和爽快，讓我心曠神怡。

自 2011 年 7 月來到加拿大，迄今四年半如一日撥打電話的過程，從感到驚心動魄，到苦樂參半，再變成現在每天都很樂意為之和很享受的事情。

這些年，曾經給中共邪黨的黨委書記、政府的副市長、廳長、大學副校長、公安局長、財政局長、縣委書記等做過退黨聲明，曾勸企業主、大學教授和博導碩導、大中小學生、部隊士兵、農民工、家庭婦女等各階層的幾萬人擺脫中共的邪惡組織，其中有爽快同意三退的，也有從破口大罵轉為明白真相後道歉致謝的。大多數是一個一個地講，一個一個地勸退，至多是三十多人的小型群退。

這通給這個老闆的電話，雖然經歷了上十個來回，時間跨度近一個月，備上了 1400 個化名，但捫心自問，我好像並沒有對他們多做什麼。我感到，是天象使然，是中共的氣數已盡，是這些可貴的中國人良知道德的抉擇。

就如那位老闆說的，中共已經腐爛透頂，罪行罄竹難書，就像一個蘋果爛透了，那麼是不是該毀掉或扔掉呢？這不就是天意嗎！這不就是任何人力都無法阻擋的趨勢嗎？

中國的歷史走過了漫長的五千年。大戲將要謝幕了，在這最

後的歷史時刻，希望所有善良的中國人能趕快了解真相，認清中共的邪惡，從被其邪惡謊言的迷惑中清醒過來。

人生苦海有邊，生死在於一念。神佛是慈悲的：只要從內心擺脫中共邪靈的控制，就能為自己鋪就光明的未來。

風雲日漸清，真相道聲聲。三退浪潮湧，人心覺醒明。已經退出邪惡黨團隊組織的 2 億 2000 多萬（截至 2018 年 2 月 5 日已有 2 億 9652 萬 2163 人三退）中國同胞，都在靜候新紀元來臨的佳音。

中國大變動系列 **063**

范長龍上將也出事了

作者：王淨文 / 季達。**執行編輯**：張淑華 / 余麗珠。**美術編輯**：吳姿瑤 。**出版**：新紀元周刊出版社有限公司。**地址**：香港荃灣白田壩街5-21號嘉力工業中心A座16樓03室。**電話**：886-2-2949-3258 (台灣) 852-2730-2380 (香港)。**傳真**：886-2-2949-3250 (台灣) / 852-2399-0060 (香港)。**Email**: newepochservice@gmail.com。**網址** ：shop.epochweekly.com。**香港發行**：田園書屋。**地址**：九龍旺角西洋菜街56號2樓。**電話**：852-2394-8863。**規格**：21cm×14.8cm。**國際書號**：ISBN978-988-77342-6-0。**定價**：HK$128 / NT$400 / KRW$20,000 / US$29.98。**出版日期**：2018年2月。

新紀元
NEW EPOCH WEEKLY

www.ingramcontent.com/pod-product-compliance
Lightning Source LLC
Chambersburg PA
CBHW030400270326
41926CB00009B/1194